中华文明 黄河故事

中华文明黄河故事丛书

母亲河畔的儿女

诗词佳句篇

黄河文化专家 李殿奎 推荐

主　编／赵　勇
本册主编／赵奕辰

山东人民出版社·济南
国家一级出版社 全国百佳图书出版单位

图书在版编目(CIP)数据

母亲河畔的儿女．诗词佳句篇／赵勇主编．-- 济南：山东人民出版社，2023.6（2025.7 重印）
ISBN 978-7-209-13970-0

Ⅰ．①母… Ⅱ．①赵… Ⅲ．①黄河流域－文化史②古典诗歌－诗歌欣赏－中国 Ⅳ．①K292 ②I207.22

中国版本图书馆 CIP 数据核字 (2022) 第 130807 号

母亲河畔的儿女·诗词佳句篇

MUQINHE PAN DE ERNÜ · SHICI JIAJU PIAN

赵 勇 主编 赵奕辰 本册主编

主管单位 山东出版传媒股份有限公司
出版发行 山东人民出版社
出 版 人 田晓玉
社 址 济南市市中区舜耕路 517 号
邮 编 250003
电 话 总编室（0531）82098914
市场部（0531）82098027
网 址 http://www.sd-book.com.cn
印 装 济南龙玺印刷有限公司
经 销 新华书店

规 格 16 开（170mm × 240mm)
印 张 13
字 数 47 千字
版 次 2023 年 6 月第 1 版
印 次 2025 年 7 月第 4 次
ISBN 978-7-209-13970-0
定 价 42.00 元

母亲河畔的儿女·诗词佳句篇

编审委员会

本册主编：赵奕辰

副 主 编：谭蕾蕾

编　　委：李雅琪　田知雨　刘庆旭

主编的话

黄河，中华民族的摇篮，是我们的母亲河，是中华民族伟大复兴的坚定信念源泉。

黄河，她用母亲的乳汁哺育着中华民族，勤劳、勇敢、善良的中华儿女，在这里繁衍生息，建功立业。

黄河，自远古走来，用她那恢宏的气势，博大的胸怀，锻炼出了中华民族坚强不屈、追求自由的精神。

黄河，千百年来，诉说着人间的悲欢哀乐，显示着历史的艰难曲折，鼓舞着我们追求新的理想、新的精神世界。

黄河啊！你自强不息，生生不已，保持着自己民族丰富多彩的特色，并汇入世界文化的大海。你自尊、自豪、自信、自强；你奔腾流淌，你的文化在世界的东方永放光彩。

讲好“黄河故事”，延续历史文脉，坚定文化自信，为实现中华民族伟大复兴的中国梦凝聚精神力量。

我们抓住了作为中华民族之根的黄河文化，也就抓住了中国历史的根本。由母亲河（黄河、长江）所培育出来的中华民族恢宏的气度胸怀与精神品格，是我们国家富强、民族振兴的精气神。

这套适合青少年阅读的读本，就是要讲好黄河故事，希望青少年从小汲取营养，陶冶心灵，激扬精神，开拓进取，鉴往知来。

我们坚信：黄河文化是实现中华民族伟大复兴，坚定现代中国发展道路最为深厚、最为核心、最为可靠的文化根基和历史依据。

赵勇

2022 年 5 月 20 日

目录

第一章 先秦

第二章 两汉三国

第三章 南北朝

第四章 隋 唐

第五章　宋金元

第六章 明 清

第一章

先秦

周南 · 关雎

先秦《诗经》

关关雎鸠，在河之洲。窈窕淑女，君子好逑。
参差荇菜，左右流之。窈窕淑女，寤寐求之。
求之不得，寤寐思服。悠哉悠哉，辗转反侧。
参差荇菜，左右采之。窈窕淑女，琴瑟友之。
参差荇菜，左右芼之。窈窕淑女，钟鼓乐之。

译文：

关关和鸣的雎鸠，相伴在河中的小洲。那美丽贤淑的女子，是君子的好配偶。参差不齐的荇菜，时而向左、时而向右地去捞它。那美丽贤淑的女子，醒来睡去都想追求她。追求却没法得到，白天黑夜便总思念她。长长的思念哟，叫人翻来覆去难睡下。参差不齐的荇菜，从左到右去采它。那美丽贤淑的女子，奏起琴瑟来亲近她。参差不齐的荇菜，从左到右去拔它。那美丽贤淑的女子，敲起钟鼓来取悦她。

注释：

关关：象声词，雌雄二鸟相互应和的叫声。

雎鸠：一种水鸟名。

洲：水中的陆地。

窈窕淑女：贤良美好的女子。

好逑：好的配偶。逑："仇"的假借字，匹配。

参差：长短不齐的样子。

荇菜：水草类植物。圆叶细茎，根生水底，叶浮在水面，可供食用。

左右流之：时而向左、时而向右地择取荇菜。这里指努力摘取荇菜，隐喻"君子"努力追求"淑女"。流，义同"求"，这里指摘取。

寤寐：醒和睡，指日夜。寤：醒来。寐：入睡。

思服：思念。服，想。

悠哉：意为"悠悠"，就是长。这句是说思念绵绵不断。

辗转反侧：翻覆不能入眠。

琴瑟友之：弹琴鼓瑟来亲近她。琴、瑟：皆弦乐器。琴五或七弦，瑟二十五或五十弦。友：用作动词，此处有亲近之意。

芼（mào）：择取，挑选。

钟鼓乐之：用钟奏乐来使她快乐。乐，使动用法，使……快乐。

魏风 · 伐檀

先秦《诗经》

坎坎伐檀兮，寘之河之干兮。
河水清且涟猗。
不稼不穑，胡取禾三百廛兮？
不狩不猎，胡瞻尔庭有县貆兮？
彼君子兮，不素餐兮！

坎坎伐辐兮，寘之河之侧兮。
河水清且直猗。
不稼不穑，胡取禾三百亿兮？
不狩不猎，胡瞻尔庭有县特兮？
彼君子兮，不素食兮！

坎坎伐轮兮，寘之河之漘兮。
河水清且沦猗。
不稼不穑，胡取禾三百囷兮？
不狩不猎，胡瞻尔庭有县鹑兮？
彼君子兮，不素飧兮！

译文：

砍伐檀树声坎坎啊，棵棵放倒堆河边啊。河水清清微波转哟，不播种来不收割，为何三百捆禾往家搬啊？不冬狩来不夜猎，为何见你庭院猪獾悬啊？那些老爷君子啊，不会白吃闲饭啊！砍下檀树做车辐啊，放在河边堆一处啊。河水清清直流注哟。不播种来不收割，为何三百捆禾要独取啊？不冬狩来不夜猎，为何见你庭院兽悬柱啊？那些老爷君子啊，不会白吃饱腹啊！砍下檀树做车轮啊，棵棵放倒河边屯啊。河水清清起波纹啊，不播种来不收割，为何三百捆禾要独吞啊？不冬狩来不夜猎，为何见你庭院挂鹌鹑啊？那些老爷君子啊，可不白吃腥荤啊！

注释：

坎坎：象声词，伐木声。

寘(zhì)：同“置”，放。干：水边。

涟：水波纹。猗(yī)：义同“兮”，语气助词。

稼(jià)：播种。

穑(sè)：收获。

胡：为什么。

禾：谷物。

三百：极言其多，非实数。

廛(chán)：通“缠”，即捆。

狩：冬猎。猎：夜猎。此诗中皆泛指打猎。

瞻：向前或向上看。

县：古“悬”字。

貆(huān)：猪獾。一说幼小的貉。

君子：此系反话，指有地位有权势者。

素餐：白吃饭，不劳而获。

辐：车轮上的辐条。

直：水流的直波。

亿：束。

特：大兽。

漘（chún）：水边。

沦：小波纹。

囷（qūn）：束。一说圆形的谷仓。

飧（sūn）：熟食，此泛指吃饭。

卫风·河广

先秦《诗经》

谁谓河广？一苇杭之。
谁谓宋远？跂予望之。
谁谓河广？曾不容刀。
谁谓宋远？曾不崇朝。

译文：

谁说黄河宽又广？一片苇筏就能航。谁说宋国很遥远？踮起脚尖就望见。谁说黄河广又宽？难以容纳小木船。谁说宋国很遥远？一个早晨就到达。

注释：

河：黄河。

苇：用芦苇编的筏子。

杭：通“航”。

跂（qǐ）：古通“企”，踮起脚。

曾：乃，竟。

曾不容刀：意为黄河窄，竟容不下一条小船。刀，通“舠”，小船。

崇朝：终朝，一个早上。形容时间之短。

介绍：

《诗经》，是中国古代最早的一部诗歌总集，收集了西周初年至春秋中叶（前11世纪至前6世纪）的诗歌，共305篇。

《诗经》的作者绝大部分已经无法考证，相传孔子曾经编订过。《诗经》在先秦时期称为《诗》，或取其整数称《诗三百》。西汉时被尊为儒家经典，始称《诗经》，并沿用至今。《诗经》在内容上分为《风》《雅》《颂》三个部分。

九歌 · 河伯

战国　屈原

与女游兮九河，冲风起兮横波。
乘水车兮荷盖，驾两龙兮骖螭。
登昆仑兮四望，心飞扬兮浩荡。
日将暮兮怅忘归，惟极浦兮寤怀。
鱼鳞屋兮龙堂，紫贝阙兮朱宫。
灵何为兮水中？乘白鼋兮逐文鱼，
与女游兮河之渚，流澌纷兮将来下。
子交手兮东行，送美人兮南浦。
波滔滔兮来迎，鱼邻邻兮媵予。

作者：

屈原（约前340年—前278年），芈姓，屈氏，名平，字原，战国时期楚国诗人、政治家。楚国郢都被秦军攻破后，自沉于汨罗江，以身殉楚国。他是中国历史上一位伟大的爱国诗人，中国浪漫主义文学的奠基人，“楚辞”的创立者和代表作家，被誉为“楚辞之祖”，楚国有名的辞赋家宋玉、唐勒、景差都受到屈原的影响。屈原投江自尽的日子相传是农历五月初五，即端午节。

译文：

和河伯畅游在黄河之上，大风吹过河面上扬起层层波浪。随你乘着荷叶作盖的水车，以双龙为驾螭龙套在两旁。登上黄河的发源地昆仑，向四处眺望，心绪随着浩荡的黄河飞扬。但恨天色已晚而忘了归去，惟河水尽处令我寤寐怀想。鱼鳞盖屋顶堂上画着蛟龙，紫贝砌城阙朱红涂满室宫。河伯你为什么住在这水中？乘着大白鼋鲤鱼追随身旁，随你河伯一起游弋在河上，浩浩河水缓缓地向东流淌。你握手道别将要远行东方，我送你送到这向阳的河旁。波浪滔滔而来迎接我河伯，为我护驾的鱼儿排列成行。

注释：

女（rǔ）：汝，你。

九河：黄河的总名。

冲风：暴风，大风。

横波：聚起波浪，扬波。

骖螭（cān chī）：四匹马拉车时两旁的马叫“骖”。螭：古代传说中无角的龙。

昆仑：昆仑山，古人认为是黄河的发源地。

极浦：水边尽头。

寤怀：寤寐怀想，形容思念至极。

灵：神灵，这里指河伯。

鼋（yuán）：大鳖。

逐：追随，跟从。

文鱼：有斑纹的鲤鱼。

渚(zhǔ)：水边。

流澌(sī)：流水。

交手：古人将分别，则相执手表示不忍分离。

美人：指河伯。

南浦：向阳的岸边。

邻邻：一作“鳞鳞”，如鱼鳞般密集排列的样子。

媵(yìng)：原指随嫁或陪嫁的人，这里指护送陪伴。

第二章 两汉三国

秋风辞

西汉　刘彻

上行幸河东，祠后土，顾视帝京欣然。中流与群臣饮燕，上欢甚，乃自作《秋风辞》曰：

秋风起兮白云飞，草木黄落兮雁南归。
兰有秀兮菊有芳，怀佳人兮不能忘。
泛楼船兮济汾河，横中流兮扬素波。
箫鼓鸣兮发棹歌，欢乐极兮哀情多。
少壮几时兮奈老何！

作者：

汉武帝刘彻（前156年—前87年），景帝之子，公元前140年即位，在位五十四年，承文景之治，对内实行政治经济改革，对外用兵，开拓疆土，建太学，设置五经博士，为一代有作为的君王。在位期间为西汉极盛时代。

译文：

秋风漫起，白云浮动，草木枯黄，大雁向南归去。佳人姿容华美，如兰花秀丽，似菊花芬芳，令人难以忘怀。乘坐着楼船行驶在汾河上，划动船桨扬起白色的波浪。吹箫奏鼓，欢乐至极时，哀伤的情愫也随之而生。年轻的日子即将过去，面对衰老也无可奈何。

注释：

辞：韵文的一种。

黄落：变黄而枯落。

秀：草本植物开花叫“秀”。这里指佳人颜色。

芳：花的香气，这里指佳人香气。

兰、菊：这里比拟佳人。“兰有秀”与“菊有芳”，互文见义，意为兰和菊均有秀、有芳。

佳人：这里指想求得的贤才。

泛：浮。楼船：上面建造楼的大船。泛楼船，即“乘楼船”的意思。

汾河：黄河支流，起源于山西宁武。

中流：中央。

扬素波：激起白色波浪。

鸣：发声，响。

发：引发，即“唱”。

棹（zhào）：船桨。这里代指船。棹歌：船工行船时所唱的歌。

极：尽。

奈老何：对衰老怎么办呢？即面对衰老无可奈何之意。

别诗

东汉　应玚

浩浩长河水，九折东北流。
晨夜赴沧海，海流亦何抽。
远适万里道，归来未有由。
临河累太息，五内怀伤忧。

作者：

应玚（yáng）（？—217年），字德琏，汝南（今河南省汝南县东南）人。东汉末年文学家，“建安七子”之一。应玚擅长作赋，有文赋数十篇。诗歌亦见长。

译文：

黄河水浩浩荡荡，横无际涯，曲折蜿蜒向东北方流去。它昼夜奔流不息，直奔沧海，而沧海也是汹涌回转，流荡生波，不曾有片刻的止歇。我远行万里，不知归期。登临大河，只能一再叹息。心中充满了无限的乡思，满腔悲伤和忧虑。

注释：

浩浩：水势浩荡的样子。

九折：形容曲折很多。

沧海：碧青的大海。

抽：抽出，引出。

远适：远行。

由：因缘。

累：多次。

太息：即长声叹息。

五内：指人的五脏，此是说内心忧伤。

孟津

魏 曹丕

良辰启初节，
高会构欢娱。
通天拂景云，
俯临四达衢。
羽爵浮象樽，
珍膳盈豆区。
清歌发妙曲，
乐正奏笙竽。
曜灵忽西迈，
炎烛继望舒。
翊日浮黄河，
长驱旋邺都。

作者：

曹丕（187年—226年），字子恒，曹操次子。曹操死后，袭位为魏王，实行九品中正制。公元220年代汉帝即位，即魏文帝。都洛阳，国号魏。爱好文学，多与同时文人交往。其诗多反映贵族生活和感情，形式上则颇受民歌影响，语言通俗，描写也较细致；他的《燕歌行》是现存最早而且艺术上很完整的七言诗。所著《典论·论文》，是我国较早的文学批评著作。有《魏文帝集》。

译文：

立春这一节气开启了新年第一段美好的时光，在高台上举行宴会，极尽欢娱之情。坐在高高的楼台上，向上可以碰触到祥瑞的云彩，向下可以俯视四通八达的孟津。羽觞和象樽里飘浮着酒的香气，豆和区中盛满了美味佳肴。乐人在宴会上演奏笙竽，伴随着美妙的乐曲，美人启齿唱歌，歌声清甜圆润。时间过得很快，转眼间白日西斜，暮色降临。于是点亮烛火，借着月光继续开怀畅饮。明天就要渡过黄河，返回邺都了。

注释：

良辰：美好的时光。

启：开始。

初节：二十四节气的第一个，即立春。

高会：在高台上举行宴会。

会构：一作“构极”。

欢娱：快乐。

通天：上通于天，形容极高。

拂：触到，接近。

景：祥瑞。

俯临：俯视。

四达：四通八达。

衢：大道。四达衢，指孟津。

羽爵：羽觞，古代的饮酒器状如雀鸟，左右形如两翼。

象樽：象牙制的或形状似象的一种酒杯。

珍膳：美味佳肴。

盈：盛满。

豆：古代食器。亦用作装酒肉的祭器。形似高足盘，大多有盖。多为陶质，也有用青铜、木、竹制成的。

区：量器名。

乐正：乐官名。周官有乐正，为乐官之长。

曜灵：太阳。

西迈：西斜。

炎烛：灯火。

望舒：神话传说中为月亮驾车的仙人，后用为月亮的代称。

翊日：同翌日，明日。

浮：渡过。孟津在黄河北，归邺须渡过黄河，故称。

旋：返还。

邺都：地名。今河北临漳。

第三章

南北朝

木兰辞

北宋 《乐府诗集》

唧唧复唧唧，木兰当户织。不闻机杼声，唯闻女叹息。

问女何所思，问女何所忆。女亦无所思，女亦无所忆。昨夜见军帖，可汗大点兵，军书十二卷，卷卷有爷名。阿爷无大儿，木兰无长兄，愿为市鞍马，从此替爷征。

东市买骏马，西市买鞍鞯，南市买辔头，北市买长鞭。旦辞爷娘去，暮宿黄河边，不闻爷娘唤女声，但闻黄河流水鸣溅溅。旦辞黄河去，暮至黑山头，不闻爷娘唤女声，但闻燕山胡骑鸣啾啾。

万里赴戎机，关山度若飞。朔气传金柝，寒光照铁衣。将军百战死，壮士十年归。

归来见天子，天子坐明堂。策勋十二转，赏赐百千强。可汗问所欲，木兰不用尚书郎，愿驰千里足，送儿还故乡。

爷娘闻女来，出郭相扶将；阿姊闻妹来，当户理红妆；小弟闻姊来，磨刀霍霍向猪羊。开我东阁门，坐我西阁床，脱我战时袍，著我旧时裳。当窗理云鬓，对镜帖花黄。出门看火伴，火伴皆惊忙：同行十二年，不知木兰是女郎。

雄兔脚扑朔，雌兔眼迷离；双兔傍地走，安能辨我是雄雌？

介绍:

《乐府诗集》是北宋文学家郭茂倩编撰的上古至唐五代的乐府诗歌总集，成书于北宋时期。全书共一百卷，以辑录汉魏至唐的乐府诗为主。根据音乐性质的不同，所集作品分为郊庙歌辞、燕射歌辞、鼓吹曲辞、横吹曲辞、相和歌辞、清商曲辞、舞曲歌辞、琴曲歌辞、杂曲歌辞、近代曲辞、杂歌谣辞、新乐府辞等十二大类。每一类有总序，每一曲有题解，对乐曲的起源、性质、演唱配器等均有详尽说明，还保存了不少已失传著作的内容。《乐府诗集》是继《诗经》之后总括中国古代乐府歌辞的诗歌总集，是现存收集乐府歌辞最完备的一部。

译文:

织布机声一声接着一声，木兰姑娘当门在织布。织机停下来不再作响，只听见姑娘在叹息。问姑娘在思念什么，问姑娘在惦记什么。我也没有在思念什么，也没有在惦记什么。昨夜看见征兵的文书，知道君王在大规模征募兵士。那么多卷征兵文书，每卷上都有父亲的名字。父亲没有长大成人的儿子，木兰没有兄长，木兰愿意去买来马鞍和马匹，从此替父亲去出征。到集市各处购买骏马、马鞍、鞍下的垫子、马嚼子、缰绳和马鞭。早上辞别父母上路，晚上宿营在黄河边，听不见父母呼唤女儿的声音，只能听到黄河汹涌奔流的声音。早上辞别黄河上路，晚上到达黑山（燕山）脚下，听不见父母呼唤女儿的声音，只能听到燕山胡兵战马啾啾的鸣叫声。行军万里奔赴战场作战，翻越关隘和山岭就像飞过去一样快。北方的寒风中传来打更声，清冷的月光映照着战士们的铠甲。将士们经过无数次出生入死的战斗，有些牺牲了，有的十年之后得胜而归。归来朝见天子，天子坐上殿堂（论功行赏）。记功木兰最高一等，得到的赏赐千百金以上。天子问木兰有什么要求，木兰不愿做尚书省的官，希望骑上一匹千里马，送我回故乡。父母听说女儿回来了，互相搀扶着出城（迎接木兰）。姐姐听说妹妹回来了，对门梳妆打扮起来。小弟弟听说姐姐回来了，霍霍地磨刀杀猪宰羊。打开我闺房东面的门，坐在我闺房西面的床上，脱去我打仗时穿的战袍，穿上我姑娘的衣裳。当着窗子整理像云一样柔美的鬓发，对着镜子在额上贴好花黄。出门去见同营的伙伴，伙伴们都很吃惊，同行这么多年，竟然不知道木兰是女孩子。（提着兔子的耳朵悬在半空时）雄兔两只脚时常动弹，雌兔两只眼时常眯着（所以容易辨别）。雄雌两只兔子一起并排着跑时，怎能辨别出哪只是雄兔，哪只是雌兔?

注释：

唧唧（jī jī）：纺织机的声音。

当户（dāng hù）：对着门。

机杼（zhù）声：织布机发出的声音。机：指织布机。杼：织布梭（suō）子。

忆：思念，惦记。

军帖（tiě）：征兵的文书。

可汗（kè hán）：古代西北地区民族对君主的称呼。

鞍马：泛指马和马具。

溅溅（jiān jiān）：水流激射的声音。

胡骑（jì）：胡人的战马。胡，古代对北方少数民族的称呼。

啾啾（jiū jiū）：马叫的声音。

戎机：指战争。

金柝：即刁斗。古代军中用的一种铁锅，白天用来做饭，晚上用来报更。

明堂：明亮的厅堂，此处指官殿。

策勋：记功。

赏赐百千强（qiáng）：赏赐很多的财物。百千：形容数量多。强：有余。

尚书郎：尚书省的官。

郭：外城。

扶将：扶持。将：助词，不译。

霍霍（huò huò）：模拟磨刀的声音。

云鬓（bìn）：像云那样的鬓发，形容好看的头发。

帖（tiē）花黄：帖，通假字，通“贴”。花黄：古代妇女的一种面部装饰物。

火：通“伙”。古时一起打仗的人用同一个锅吃饭，后意译为同行的人。
傍（bàng）地走：贴着地面并排跑。

渡黄河

南北朝　范云

河流迅且浊，汤汤不可陵。
桧楫难为榜，松舟才自胜。
空庭偃旧木，荒畴余故塍。
不睹人行迹，但见狐兔兴。
寄言河上老，此水何当澄？

作者：

范云（451年—503年），字彦龙，南乡郡舞阴县（今河南省泌阳县）人。南朝梁时期宰相、著名政治家、文学家、诗人。是著名的思想家、哲学家范缜的从弟。南齐朝进入竟陵王萧子良幕府，“竟陵八友”之一。

译文：

黄河流水湍急浑浊，水势浩大不可阻挡。桧楫使用起来都好像力不胜任，松舟也只是勉强承载。空院落倒放着旧木头，荒地里留着旧土埂。这里不见行人的踪迹，只能看见狐狸、兔子出没。我要对黄河边上的老人说，这浊水何时才能澄清啊？

注释:

迅：疾速，急疾。

汤（shāng）汤：水势浩大貌。

陵：超越，越过。

桧（guì）楫：桧木做的桨。桧为坚硬木材，桧楫谓船桨极坚固。

榜（bǎng）：船桨。

胜：胜任，担当。

空庭：犹空院，谓荒芜冷寂的庭院。

偃：倒伏。

故塍（chéng）：过去的田埂。

河上老：古时高士，即河上公，能预测未来。

澄：清。传说黄河千年一清，河清则天下太平。

渡河北

南北朝　王褒

秋风吹木叶，还似洞庭波。
常山临代郡，亭障绕黄河。
心悲异方乐，肠断陇头歌。
薄暮临征马，失道北山阿。

作者：

王褒（约513年—576年），字子渊，琅琊临沂（今山东临沂）人，南北朝文学家。东晋宰相王导之后，曾祖王俭、祖王骞、父王规，俱有重名。梁元帝时任吏部尚书、左仆射。当时，王褒与庾信才名最高。

译文：

看到秋风吹起，树叶飘落，便想到《楚辞》中的洞庭湖水。到了关山代郡一带，黄河沿岸修筑着很多堡垒。异域的音乐让人心中悲凉，陇头的歌曲令人肝肠寸断。傍晚的时候，面对着远行的马，迷失在山的拐弯处。

注释：

河北：黄河以北。

常山：关名，位于今河北唐县西北。

代郡：位于今河北蔚县东北。

亭障：亦作“亭鄣”，古代边塞要地设置的堡垒。

异方乐：即异域的音乐。

陇头歌：乐府横吹曲名，内容多写征人的艰辛。

临：面对。

征马：远行的马，或说指战马。

失道：迷路。

山阿：山的拐弯处。

重别周尚书

南北朝 庾信

阳关万里道，不见一人归。
唯有河边雁，秋来南向飞。

作者：

庾信（513年—581年），字子山。祖籍南阳新野（今属河南）人。初仕梁，后出使西魏，时值西魏灭梁，于是羁留北方。历仕西魏、北周，官至骠骑大将军、开府仪同三司，世称“庾开府”。博学多才，擅长诗文，深受杜甫推崇。有《庾子山集》传世。

译文：

阳关与故国相隔万里之遥，年年盼望却至今不能南归。只有黄河岸边南来的大雁，秋天一到仍可以自由南飞。

注释：

阳关：在今甘肃敦煌的西南，自古与玉门关同为通往西域的必经之地。此处作者借指长安。

一人：这里指作者。

河：指黄河。

南向：向着南方。

第四章 隋唐

入 关

隋 虞世基

陇云低不散，黄河咽复流。
关山多道里，相接几重愁。

作者：

虞世基（？—618年），字懋世，会稽余姚（今属浙江）人。隋朝大臣，书法家虞世南哥哥。著有《区宇图志》，是较早的全国性区域志。

译文：

陇云低垂，云雾不散，黄河之水呜咽低鸣，流淌不绝。关山路远，小道重重，相接之际，愁思几多。

注释：

关：要塞，出入的要道。此处是指函谷关或潼关。

陇：泛指陇山以西广大地区。

咽（yè）：低沉幽咽。

关山：泛指关隘山川。

道里：旅程。

砥柱山铭

唐　魏徵

仰临砥柱，北望龙门。
茫茫禹迹，浩浩长春。

作者：

魏徵，字玄成，下曲阳县人。唐朝初年杰出的政治家、思想家、文学家和史学家。魏徵曾参与修撰《群书治要》及《隋书》序论，《梁书》《陈书》《齐书》的总论等，其言论多见《贞观政要》。今存《魏郑公文集》与《魏郑公诗集》。

译文：

伫立在仰慕已久的砥柱山上，向北遥望那峭壁对峙的龙门。看到了大禹治水时留下的茫茫足迹，也看到了气势磅礴的长春殿宇。

注释：

铭：把文字刻在器物上叫“铭”。

茫茫：悠旷盛大的样子。

浩浩：盛大旷远的样子。

砥柱山：上古时代这座山堵塞了黄河的河道，夏禹治水时，凿宽山两侧的河道，使河水分流而过，这座山就像一根高大的石柱，矗立在黄河的急流之中，由此得名。

黄河

唐　李世民

河源发昆仑，连乾复浸坤。
波浑经雁塞，声振自龙门。
岸裂新冲势，滩余旧落痕。
横沟通海上，远色尽山根。
勇逗山峰折，雄标四渎尊。
湾中秋景树，阔外夕阳村。
沫乱知鱼呴，槎来见鸟蹲。
飞沙当白日，凝露接黄昏。
润可资农亩，清能表帝恩。
雨吟堪极目，风渡想惊魂。
显瑞龟兽出，阴灵伯固存。
盘涡寒渐急，浅濑暑微温。
九曲终柔胜，常流可暗吞。
人间无博望，谁复到穷源？

作者：

李世民（599年—649年），唐朝第二位皇帝（626年—649年在位），政治家、战略家、军事家、书法家、诗人。李世民少年从军，曾往雁门关解救隋炀帝。武德九年（626年），发动“玄武门之变”，被册立为皇太子。八月初九日，唐高祖李渊退位，李世民即位，年号贞观。在位初期，对内文治天下，国泰民安，开创“贞观之治”。对外开疆拓土，设立安西四镇，与北方各民族融洽相处，获得尊号“天可汗”。

译文：

黄河之源发自昆仑山，上连天空滋润大地。浊流滔滔经过雁门关，激流咆哮震荡龙门山。所到之处岸裂崖崩，在滩头留下冲刷的痕迹。河道横贯通向大海，远望景色可以看到山底。巨涛拍击山峰回转，黄河雄踞四河之首。水湾中可见秋天树木的景象，滩外远远看到夕阳下的乡村。水面沫乱鱼儿在呼气，鸟儿蹲在漂来的木筏上。风卷飞沙遮住白天的太阳，寒露凝结接近黄昏。河水滋润灌溉农田，河水变清表彰着皇帝的功德。雨后远眺适合吟咏，在风中渡河令人惊心动魄。神龟出现昭示吉祥，河神的保佑一直存在。河流遇到阻塞出现激流漩涡，夏季浅滩河水温热。黄河虽历经曲折奔流到海，河流却常被暮色吞没。世间如果没有博望侯张骞，谁会寻找黄河的源头呢？

注释：

河源：黄河源头。

昆仑：古人以为昆仑山是黄河的源头。

乾、坤：天与地。

雁塞：泛指北方边塞。

龙门：此当指陕西韩城县与山西河津县间龙门山。

冲势：其势如被河水冲裂一样。

旧落痕：昔日河水流过的痕迹。

横沟：指黄河支流。通：旁通。

逗：引得，使得。折：断折。

四渎：古人对四条独流入海的大川的总称，即江（长江）、河（黄河）、淮（淮河）、济（济水）。

清：河清。黄河水浊，偶有清时，古人因以河清为太平盛世的象征。

风渡：在大风中渡河。

龟兽：单指龟。古人以龟为灵物，故谓龟从河中出现为祥瑞之兆。

阴灵：指神灵。

伯：河伯，传说中的河神。

九曲：言黄河河道之曲折。

博望：指汉代人张骞，因出使西域被封为博望侯，传说其曾乘木筏溯河源直到天上。

晚渡黄河

唐 骆宾王

千里寻归路，一苇乱平源。通波连马颊，迸水急龙门。
照日荣光净，惊风瑞浪翻。棹唱临风断，樵讴入听喧。
岸迥秋霞落，潭深夕雾繁。谁堪逝川上，日暮不归魂。

作者：

骆宾王（约638年—约684年），字观光，婺州义乌（今浙江义乌）人。唐初诗人，与王勃、杨炯、卢照邻合称“初唐四杰”。

译文：

千里寻找着归乡之路，一只小船扰乱了平静的河面。河面连着马颊河，水流湍急冲向龙门。日光绚烂、云气缤纷照耀着河面，疾风里有瑞祥的浪花翻涌。风高浪险，船夫们中断了歌声，隐隐听到远处的樵夫正唱得热闹。远远看到落下的秋霞，深潭有傍晚的雾气弥漫。日落暮起，又漂流在滚滚东去的河流上，哪一个客乡游魂能受得住这种情景的折磨呢？

注释：

一苇：指船，出自《诗经·河广》“谁谓河广？一苇杭之”。

马颊：河名，黄河分支。

荣光：彩色的云气。

迥：远。

逝川：逝去的流水。比喻过去的岁月。出自《论语·子罕》“子在川上曰：逝者如斯夫，不舍昼夜”。

不归魂：不得归乡的游魂，诗人自指。

秋日还京陕西十里作

唐 薛稷

驱车越陕郊，北顾临大河。
隔河望乡邑，秋风水增波。
西登咸阳途，日暮忧思多。
傅岩既纡郁，首山亦嵯峨。
操筑无昔老，采薇有遗歌。
客游节回换，人生知几何。

作者：

薛稷（649年—713年），字嗣通，蒲州汾阴（今山西省万荣县）人。唐朝大臣、书画家。工于书法，与褚遂良、欧阳询、虞世南并列“初唐四大书法家”，代表作《信行禅师碑》。善于绘画，长于人物、佛像、树石、花鸟，精于画鹤，有《啄苔鹤图》等作品传世。

译文:

驾车穿过陕县的农郊，向北回望黄河。隔着黄河遥望着北岸的故乡，秋风凄凄，河面卷起滚滚波涛。在西行赴京之路上，日暮时分，对故乡的思念与忧愁总萦绕在心间。傅岩山曲折幽深，首阳山险峻巍峨。然而，现在的傅岩山上已经不见昔日傅说拿着木筑打墙的身影，而首阳山上也没有伯夷、叔齐这样的人了，只剩下《采薇歌》。我客游在外，时间像轮回般又回到原来的节令，人生的岁月还有多少呢。

注释:

京：指京都长安。

陕西十里：即河南陕县以西十里的长亭。

陕郊：陕，河南陕县；郊：郊外。

大河：即黄河。

乡邑：乡里、故乡。诗人家在黄北，故有“隔河”语。

咸阳途：去咸阳的路。

傅岩：古地名。一作“傅险”，在今山西。

首山：即首阳山又名雷首山。

嵯峨：山势高峻的样子。

“操筑无昔老”句：相传傅说出身低微，在傅岩从事版筑劳动，商王武丁梦得圣人，名叫“说”，就派百工按梦中所见四处查访，把傅说举为宰相。

昔老：即指傅说。

节回换：又回到原来的节令，指经年。节，节令。最后二句是感慨岁月之速，人生之短。

登鹳雀楼

唐 王之涣

白日依山尽，黄河入海流。
欲穷千里目，更上一层楼。

作者：

王之涣（688年—742年），字季凌，祖籍并州晋阳（今山西太原）。唐朝诗人。精于文章，善于写诗，其诗作多被引为歌词。尤善五言诗，以描写边塞风光为胜，代表作有《登鹳雀楼》《凉州词二首》等。

译文：

夕阳依傍着西山慢慢地沉没，滔滔黄河朝着东海汹涌奔流。若想把千里的风光景物看够，那就要登上更高的一层城楼。

注释：

鹳雀楼：旧址在山西永济县，楼高三层，前对中条山，下临黄河。传说常有鹳雀在此停留，故有此名。

白日：太阳。

依：依傍。

尽：消失。这句话是说太阳依傍山峦沉落。

穷：尽，使达到极点。

千里目：眼界宽阔。

更：替、换。

凉州词二首·其一

唐 王之涣

黄河远上白云间，一片孤城万仞山。
羌笛何须怨杨柳，春风不度玉门关。

译文：

纵目望去，黄河渐行渐远，好像奔流在缭绕的白云中间。在黄河上游的万仞高山之中，一座孤城玉门关耸峙在那里，显得孤峭冷寂。何必用羌笛吹起那哀怨的杨柳曲，去埋怨春光迟迟不来呢？原来玉门关一带春风是吹不到的啊。

注释：

凉州词：又名《出塞》，为当时流行的一首曲子《凉州》配的唱词。

远上：远远向西望去。黄河远上：远望黄河的源头。“河”一作“沙”，“远”一作“直”。

孤城：指孤零零的戍边的城堡。

仞：古代的长度单位。

羌笛：古羌族主要分布在甘、青、川一带。羌笛是羌族乐器，属横吹式管乐。

何须：何必。

杨柳：《折杨柳》曲。古诗文中常以杨柳喻送别。

度：吹到过。

玉门关：汉武帝置，因西域输入玉石取道于此而得名。故址在今甘肃敦煌西北小方盘城，是古代通往西域的要道。六朝时关址东移至今安西双塔堡附近。

与永乐诸公夜泛黄河作

唐 阎防

烟深载酒入，但觉暮川虚。
映水见山火，鸣榔闻夜渔。
爱兹山水趣，忽与人世疏。
无暇然官烛，中流有望舒。

作者：

阎防，今河南南阳人，唐代诗人。喜好古物，而且知识广博高雅，诗句朴素，气魄清爽，寄情山水。

译文：

携酒乘船进入烟雾弥漫的河面，只感觉夜幕笼罩的黄河有些朦胧。船下波涛中倒映着几点红光，看到岸上山间燃烧着的篝火。传来一阵阵响亮、急促的鸣榔声，渔民们在夜里捕鱼。喜爱这山水的乐趣，恍惚间与人世（官场）疏远。没有空闲去点燃公家的蜡烛，船到中流漆黑的夜空中突然露出一轮明月。

注释：

永乐：镇名，在山西省永济县东南。

诸公：各位好友。

公：对人的尊称。

泛：漂游。

烟深：烟雾弥漫。

入：指乘船进入黄河河面。

但：只。

暮川：夜幕笼罩的黄河。

虚：朦胧状。

榔（láng）：驱鱼工具。

夜渔：夜晚捕鱼。

兹：这。

趣：乐趣。

疏：远。

暇：空闲时间。

然：燃烧，此意通“燃”。

官烛：公家的蜡烛。

中流：河面。

望舒：神话中给月亮驾车的仙人，此借指月亮。

河阳桥留别

唐 柳中庸

黄河流出有浮桥，晋国归人此路遥。
若傍阑干千里望，北风驱马雨萧萧。

作者：

柳中庸（？—约775年），名淡，中庸是其字，唐代边塞诗人。河东（今山西永济）人，为柳宗元族人。与弟中行并有文名。与卢纶、李端为诗友。其诗以写边塞征怨为主。

译文：

滚滚黄河从千里之外奔涌而来，宽阔的江面上架有河阳浮桥。在此送别友人到遥远的晋国故里去，路途一直延伸到茫茫的远方。倚着栏杆，遥望千里之外的友人所住之地。但见北风萧萧，雨声淅沥，吹打着载着友人远去的马儿。

注释：

河阳桥：晋杜预于古孟津所建的跨河浮桥。

浮桥：即指河阳桥。

阑干：栏杆。

萧萧：象声词。常形容马叫声、风雨声、流水声、草木摇落声、乐器声等。

征人怨

唐 柳中庸

岁岁金河复玉关，朝朝马策与刀环。
三春白雪归青冢，万里黄河绕黑山。

译文：

年复一年戍守金河保卫玉关，日日夜夜都同马鞭和战刀做伴。暮春白雪纷纷扬扬遮盖着昭君墓，滔滔黄河绕过黑山，又奔腾向前。

注释：

岁岁：年复一年，年年月月。

金河：即黑河。

玉关：即甘肃玉门关。

朝朝：每天，日日夜夜。

马策：马鞭。刀环：刀柄上的铜环，喻征战事。

三春：春季的三个月或暮春，此处指暮春。

青冢：西汉时王昭君的坟墓。传说塞外草白，唯独昭君墓上草色发青，故称青冢。

黑山：一名杀虎山。

百花原

唐　李颀

百花原头望京师，黄河水流无已时。
穷秋旷野行人绝，马首东来知是谁。

作者：

李颀（690年—751年），唐代诗人。少年时曾寓居河南登封。其诗以写边塞题材为主，风格豪放，慷慨悲凉，七言歌行尤具特色。

译文：

站在百花原头向京都长安远望，只看见黄河一派茫茫的流水。深秋空旷的原野上没有一个行人，从东边骑马走来的是谁呢？

注释：

百花原：地名，在黄河岸边。

京师：国都，指长安。

无已时：没有停止的时候。

穷秋：深秋、秋末。

春夜别友人二首·其一

唐　陈子昂

银烛吐青烟，金樽对绮筵。
离堂思琴瑟，别路绕山川。
明月隐高树，长河没晓天。
悠悠洛阳道，此会在何年。

作者：

陈子昂，字伯玉，梓州射洪（今属四川）人。唐代文学家、诗人，初唐诗文革新人物之一。

陈子昂存诗共100多首，其诗风骨峥嵘，寓意深远，苍劲有力。其中最有代表性的有《登幽州台歌》《登泽州城北楼宴》和组诗《感遇诗三十八首》《蓟丘览古赠卢居士藏用七首》等。

译文：

明亮的蜡烛吐着缕缕青烟，高举金杯面对精美丰盛的席宴。饯别的厅堂里回忆着朋友的情意融洽，分别后要绕山过水，路途遥远。宴席一直持续到明月隐蔽在高树之后，银河消失在拂晓之中。走在这悠长的洛阳道上，不知什么时候才能相会。

注释：

琴瑟：比喻友情。

长河：指银河。

塞下曲·秋风夜渡河

唐 王昌龄

秋风夜渡河，吹却雁门桑。
遥见胡地猎，鞴马宿严霜。
五道分兵去，孤军百战场。
功多翻下狱，士卒但心伤。

作者：

王昌龄（698年—757年），字少伯，唐朝时期大臣，著名边塞诗人。王昌龄与李白、高适、王维、王之涣、岑参等人交往深厚。其诗以七绝见长，尤以边塞诗最为著名，有“诗家夫子”“七绝圣手”之称。著有《王江宁集》六卷。

译文：

秋风在夜晚暗暗吹过边塞的河流，吹过雁门的桑田，边地一片萧瑟。远远地能够看见胡地有人在打猎，虽说还不是秋天，边塞却已经十分寒冷，战士们只能在严霜中风餐露宿。在战场上，兵士们被分成五道作战，孤军奋战，身经百战。战士们虽然英勇，结果功劳多的反而会被下狱，想起这些，真是让战士们伤心啊。

注释：

雁门：雁门关在今山西代县，为古塞，地势雄险。

鞴（bèi）马：谓装备坐骑，不卸鞍韂鞴。鞴，用革制成，射箭的时候用来束衣袖。

送李将军赴定州

唐　郎士元

双旌汉飞将，万里授横戈。
春色临边尽，黄云出塞多。
鼓鼙悲绝漠，烽戍隔长河。
莫断阴山路，天骄已请和。

作者：

郎士元（生卒年不详），字君胄，唐代诗人，中山（今河北定州）人。天宝十五载（756年）登进士第。官至郢州刺史。郎士元与钱起齐名，世称“钱郎”。他们诗名甚盛，当时有“前有沈宋，后有钱郎”之称。

译文：

军中大旗猎猎作响，汉家大将将要挥师出征；看他横刀立马，气吞万里如虎。关塞悠远，春风难以企及，未到关前，就已经看不到春色了；关外，风卷沙尘，黄沙弥漫如云，遮天蔽日。军中鼓声，悲壮激越，直达遥远的沙漠；戍台烽火，阻隔着浩荡的黄河。想到将军所去之地，在那阴山之北；慑于将军声威，入侵的强敌已经求和。

注释：

双旌：仪仗用的旌旗。汉飞将：指李广。

鼙：军中所用小鼓。

悲：形容鼓声紧急，有酣畅之意。

绝漠：遥远的沙漠之地。

长河：黄河。

天骄：原意指匈奴，此处泛指强敌。

渡河到清河作

唐 王维

泛舟大河里，积水穷天涯。
天波忽开拆，郡邑千万家。
行复见城市，宛然有桑麻。
回瞻旧乡国，淼漫连云霞。

作者：

王维（701年—761年），唐代诗人、画家。字摩诘。诗与孟浩然齐名，并称“王孟”。前期写过一些边塞题材的诗篇，但其作品最主要的则为山水诗，通过田园山水的描绘，宣扬隐士生活和佛教禅理，著有《王右丞集》。

译文：

我扬帆行舟在黄河上，秋水汇积向天涯海角处漫溯。水天相接处忽然裂开豁口，现出繁华的城邑万户千家。顺流前行又有城镇闪入眼中，宛然可见郊野的桑麻。回头望我的故乡京洛，只见浩渺的水波与天上云霞相连。

注释：

河：指黄河。

积水：指积聚的水。

天波：指天空的云气，形容极为高远。

郡邑：当指唐河北道博州治所聊城县（今山东聊城东北）。

宛然：真切貌，清晰貌。

桑麻：桑树与苎麻。

回瞻：犹回望。

旧乡国：故乡，指京洛。

淼漫：水流广远的样子。

连云霞：与天空之云霞相连，形容水波浩渺。

使至塞上

唐　王维

单车欲问边，属国过居延。
征蓬出汉塞，归雁入胡天。
大漠孤烟直，长河落日圆。
萧关逢候骑，都护在燕然。

译文：

轻车简从想去慰问边关，想去的地方远过居延。千里飞蓬也飘出汉塞，北归大雁正翱翔云天。浩瀚沙漠中孤烟直上，无尽黄河上落日浑圆。到萧关遇到侦候骑士，告诉我都护已在燕然。

注释：

使至塞上：奉命出使边塞。使：出使。

单车：一辆车，车辆少，这里形容轻车简从。

问边：到边塞去察看，指慰问守卫边疆的官兵。

属国：一指少数民族附属于汉族朝廷而存其国号者。二指官名，秦汉时有一种官职名为典属国，苏武归汉后即授典属国官职。唐人有时以“属国”代称出使边陲的使臣。

居延：地名，汉代称居延泽，唐代称居延海。

征蓬：随风飘飞的蓬草，此处为诗人自喻。

归雁：雁是候鸟，春天北飞，秋天南行，这里是指大雁北飞。

胡天：胡人的领空。这里是指唐军占领的北方地方。

大漠：大沙漠，此处大约是指凉州之北的沙漠。

孤烟：一云古代边防报警时燃狼粪，“其烟直而聚，虽风吹之不散”；二云塞外多旋风。

长河：黄河。

萧关：古关名，又名陇山关。

候骑：负责侦察、通讯的骑兵。

都护：唐朝在西北边疆置安西、安北等六大都护府，这里指前敌统帅。

燕然：燕然山，这里代指前线。

寒食汜上作

唐 王维

广武城边逢暮春，汶阳归客泪沾巾。
落花寂寂啼山鸟，杨柳青青渡水人。

译文：

正逢三月暮春时节来到广武城边，从汶阳归来的客子泪湿衣巾。落花寂寂无声只听得山鸟啼叫，两岸杨柳青青，江上有渡水的人。

注释：

寒食：指寒食节，亦称“禁烟节”“冷节”“百五节”，一般为清明节前一二日，在这一日，禁烟火，只吃冷食。

汜（sì）：指汜水，流经广武城。

广武：古城名，原址在今河南荥阳东北广武山上，有东西两座，楚汉战争的最后阶段，项羽占东城，刘邦占西城。

汶（wèn）阳归客：诗人自指。汶阳，指汶水之北。汶水，今名大汶河，在今山东境内。

寂寂：寂静无声貌。

杂诗三首 · 其一

唐　王维

家住孟津河，
门对孟津口。
常有江南船，
寄书家中否。

译文：

我家住在孟津的大河边，门前正对孟津的渡口。那里常有开往江南的船，你有书信寄回家中否？

注释：

孟津河：指河南洛阳北部的黄河南岸一带，是“武王伐纣，与八百诸侯会盟”之地，为古代交通要道。

寄书：寄信。书，书信。

古风其十一 · 黄河走东溟

唐 李白

黄河走东溟，白日落西海。
逝川与流光，飘忽不相待。
春容舍我去，秋发已衰改。
人生非寒松，年貌岂长在。
吾当乘云螭，吸景驻光彩。

作者：

李白（701年—762年），字太白，号青莲居士，是屈原之后最具个性特色的浪漫主义诗人。有“诗仙”之美誉，与杜甫并称“李杜”。其诗以抒情为主，表现出蔑视权贵的傲岸精神，对人民疾苦表示同情，又善于描绘自然景色，表达对祖国山河的热爱。诗风雄奇豪放，想象丰富，语言流转自然，音律和谐多变，善于从民间文艺和神话传说中吸取营养和素材，构成其特有的瑰玮绚烂的色彩，达到盛唐诗歌艺术的巅峰。存世诗文千余篇，有《李太白集》三十卷。

译文：

浩荡黄河，滚滚东去，一刻也不停留。太阳东升西落，何时慢下过它的脚步？时光就如同这东去的黄河，西落的日头，匆匆忙忙地奔走。春日的容颜已舍我而去，我已不再年少。秋后，只有白发如霜撒满头。人啊！怎么可比劲松？年年常绿，青春难以挽留。我欲乘飞龙而去，吸取日月的光华，让青春永放光彩！

注释：

东溟：即东海。

春容：少年之容。

秋发：衰暮之发。

云螭：云中之龙。螭，传说中的独角龙。

将进酒

唐 李白

君不见，黄河之水天上来，奔流到海不复回。
君不见，高堂明镜悲白发，朝如青丝暮成雪。
人生得意须尽欢，莫使金樽空对月。
天生我材必有用，千金散尽还复来。
烹羊宰牛且为乐，会须一饮三百杯。
岑夫子，丹丘生，将进酒，杯莫停。
与君歌一曲，请君为我倾耳听。
钟鼓馔玉不足贵，但愿长醉不复醒。
古来圣贤皆寂寞，惟有饮者留其名。
陈王昔时宴平乐，斗酒十千恣欢谑。
主人何为言少钱，径须沽取对君酌。
五花马，千金裘，呼儿将出换美酒，与尔同销万古愁。

译文：

你难道看不见，那黄河之水从天上奔腾而来，波涛翻滚直奔东海，再也没有回来。你难道看不见，那年迈的父母，对着明镜悲叹自己的衰老的白发，年轻时的满头青丝如今已是雪白一片。人生得意之时就应当纵情欢乐，不要让这金杯无酒空对明月。每个人的出生都一定有自己的价值和意义，黄金千两（就算）一挥而尽，也还是能够再得来。我们烹羊宰牛姑且作乐，（今天）一次性痛快地饮三百杯也不为多！岑夫子，丹丘生啊，请二位快点喝酒吧，举起酒杯不要停下来。让我来为你们高歌一曲，请你们为我倾耳细听：整天吃山珍海味的豪华生活有何珍贵，只希望醉生梦死而不愿清醒。自古以来圣贤无不是冷落寂寞的，只有那会喝酒的人才能够留传美名。陈王曹植当年宴设平乐观的事迹你们可知道，斗酒万千也豪饮，让宾主尽情欢乐。主人呀，你为何说我的钱不多？只管买酒来让我们一起痛饮。那些什么名贵的五花良马，昂贵的千金狐裘，把小儿喊出来去换美酒。让我们一起来消除这无穷无尽的万古长愁！

注释：

将进酒：属汉乐府旧题。将（qiāng），愿，请。

君不见：你没有看见吗？是乐府体诗中提唱的常用语。君：你，此为泛指。

高堂：在高堂上。另译为父母。

朝：早晨。

青丝：黑发。

得意：适意高兴的时候。

须：应当。尽欢：纵情欢乐。

千金：大量钱财。

还复来：还会再来。

且为乐：姑且作乐。

会须：应当。

岑夫子：指岑（cén）勋。丹丘生：元丹丘。二人均为李白的好友。

倾耳听：一作“侧耳听”，表示注意去听。

钟鼓：富贵人家宴会中奏乐使用的乐器。

馔（zhuàn）玉：美好的食物。形容食物如玉一样精美。馔，食物。玉，像玉一般美好。

陈王：指陈思王曹植。

平乐：平乐观，宫殿名。在洛阳西门外，为汉代富豪显贵的娱乐场所。

恣：放纵，无拘无束。

谑（xuè）：玩笑。

言少钱：一作“言钱少”。

径须：干脆，只管，尽管。

沽（gū）：通“酤”，买或卖，这里指买。

五花马：指名贵的马。

千金裘：价值千金的皮衣。

尔：你们，指岑夫子和丹丘生。

销：同“消”。万古愁：无穷无尽的愁闷。

圣贤：一般指圣人贤士，又指古时的酒名。

北风行

唐　李白

烛龙栖寒门，光曜犹旦开。
日月照之何不及此？惟有北风号怒天上来。
燕山雪花大如席，片片吹落轩辕台。
幽州思妇十二月，停歌罢笑双蛾摧。
倚门望行人，念君长城苦寒良可哀。
别时提剑救边去，遗此虎文金鞞靫。
中有一双白羽箭，蜘蛛结网生尘埃。
箭空在，人今战死不复回。
不忍见此物，焚之已成灰。
黄河捧土尚可塞，北风雨雪恨难裁。

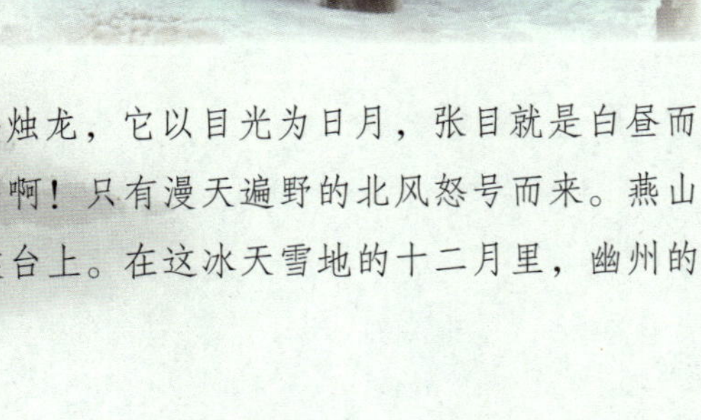

译文：

传说在北国寒门这个地方，住着一条烛龙，它以目光为日月，张目就是白昼而闭目就是黑夜。这里连日月之光都照不到啊！只有漫天遍野的北风怒号而来。燕山的雪花其大如席，一片一片地飘落在轩辕台上。在这冰天雪地的十二月里，幽州的一个思妇在家中不歌不笑，愁眉紧锁。她倚着大门凝望着来往的行人，盼望她到长城打仗的丈夫回来，长城可是苦寒要命的地方啊。丈夫临别时手提宝剑，奔赴边塞，在家中仅留下了一个虎皮金柄的箭袋。里面装着一双白羽箭，一直挂在墙上。上面结满了蜘蛛网，沾满了尘埃。如今其箭虽在，可是人却永远回不来了，他已战死在边城了！不忍心看到旧物，于是将其焚化成灰。黄河虽深，尚有捧土可塞，唯有此生离死别之恨，如同这漫漫的北风雨雪一样铺天盖地，无边无垠。

注释：

北风行：乐府旧题，内容多写北风雨雪、行人不归的伤感之情。

烛龙：古代神话中的龙。相传人面龙身无足，居住在不见太阳的极北寒门，睁眼为昼，闭眼为夜。

此：指幽州，这里指当时安禄山统治北方，一片黑暗。

号怒：呼啸狂暴。

燕山：山名，在河北平原的北侧。

轩辕台：纪念黄帝的建筑物，故址在今河北怀来县乔山上。

双蛾摧：双眉紧锁，形容悲伤、愁闷的样子。双蛾：女子的双眉。

长城：古诗中常借以泛指北方前线。

良：实在。

鞞（bǐng）靫（chá）：当作鞴靫。虎文鞞靫，绘有虎纹图案的箭袋。

白羽箭：似白色羽毛装饰的箭。

北风雨雪：化用《诗经·邶风·北风》中的“北风其凉，雨雪其雱”句意，原意指国家的危机将至而气象愁惨，这里借以衬托思妇悲惨遭遇和凄凉的心情。

裁：消除。一作“哉”。

赠裴十四

唐　李白

朝见裴叔则，朗如行玉山。
黄河落天走东海，万里写入胸怀间。
身骑白鼋不敢度，金高南山买君顾。
徘徊六合无相知，飘若浮云且西去！

译文：

早晨见到裴叔则，如行玉山之上，朗然照人。他的胸怀阔大，如黄河落天，直入东海，万里江山都容纳在他胸怀间。他的浩瀚，即使是河伯也不敢骑白鼋贸然横渡；他的高大，即使是千金买他一顾也是值得的。他徘徊于六合之中，而无相知之人。如今看天上的浮云，即将飘然西去矣。

注释：

裴十四：当是裴政，为李白好友，“竹溪六逸”之一。

裴叔则：即晋朝的裴楷，尝任中书令，人称裴令公，仪容俊伟。

写：通“泻”，倾泻。

六合：上下四方谓之六合。

行路难

唐 李白

金樽清酒斗十千，玉盘珍馐直万钱。
停杯投箸不能食，拔剑四顾心茫然。
欲渡黄河冰塞川，将登太行雪满山。
闲来垂钓碧溪上，忽复乘舟梦日边。
行路难，行路难，多歧路，今安在。
长风破浪会有时，直挂云帆济沧海。

译文：

金杯里装的名酒，每斗要价十千；玉盘中盛的精美肴菜，收费万钱。胸中郁闷呵，我停杯投箸吃不下；拔剑环顾四周，我心里委实茫然。想渡黄河，冰雪堵塞了这条大川；要登太行，莽莽的风雪早已封山。遥想姜太公吕尚垂钓溪上，遇到求才的文王；伊尹乘舟梦日，受聘在商汤身边。世上行路呵多么艰难，多么艰难；眼前歧路这么多，我该向北向南？相信总有一天，能乘长风破万里浪；高高挂起云帆，在沧海中勇往直前！

注释：

珍馐：名贵的菜肴。

垂钓坐溪上：传说姜太公吕尚未遇周文王时，曾在磻溪（今陕西宝鸡市东南）垂钓。

乘舟梦日边：传说伊尹见汤以前，梦乘舟过日月之边。

赠崔侍御·其一

唐 李白

黄河三尺鲤，本在孟津居。
点额不成龙，归来伴凡鱼。
故人东海客，一见借吹嘘。
风涛倘相因，更欲凌昆墟。

译文：

三尺长的黄河鲤鱼，通常生活在孟津关一带。跳不上龙门，就点染额头，归来与凡鱼作伴。咱们是老相识了，承蒙你慧眼识珠，极力褒奖。如果今后还有风云际会的可能，希望能青云直上九重天，高居天山之巅。

注释：

崔侍御：即崔宗之，与李白同为“酒中八仙”之一。

孟津：黄河古渡口。相传周武王伐纣时，曾在此盟会诸侯渡河作战，故又名“盟津”。

故人：老朋友，即崔侍御。

东海客：借指京城做官。

借：帮助。

吹嘘：进好言。

风涛：风浪，喻指崔侍御之鼎力相助。

倘：假若。

相因：能够凭借。

昆墟：昆仑之墟，传为西方极高之地，神龙居住处。

公无渡河

唐 李白

黄河西来决昆仑，咆哮万里触龙门。
波滔天，尧咨嗟。
大禹理百川，儿啼不窥家。
杀湍湮洪水，九州始蚕麻。
其害乃去，茫然风沙。
披发之叟狂而痴，清晨临流欲奚为。
旁人不惜妻止之，公无渡河苦渡之。
虎可搏，河难凭，公果溺死流海湄。
有长鲸白齿若雪山，公乎公乎挂罥于其间。
箜篌所悲竟不还。

译文：

黄河之水从西而来，它决开昆仑，咆哮万里，冲击着龙门。尧帝曾经为这滔天的洪水，发出过慨叹。大禹也为治理这泛滥百川的洪水，不顾幼儿的啼哭，毅然离家出走。在治水的日子里，他三过家门而不入，一心勤劳为公。这才治住了洪水，使天下人民恢复了男耕女织的太平生活。虽然消除了水害，但是留下了风沙的祸患。古时有一个狂夫，他披头散发大清早便冲出门去，要徒步渡河。别人只是在一旁看热闹，只有他的妻子前去阻止他，在后面喊着要他不要渡河，可是他偏要向河里跳。猛虎虽可搏，大河却不可渡。这个狂夫果然被水所溺，其尸首随波逐流，漂至大海，被那白齿如山的长鲸所吞食。其妻弹着箜篌唱着悲歌，可惜她的丈夫再也回不来了。

注释：

公无渡河：乐府古题，又名“箜篌引”。

昆仑：昆仑山。

龙门：即龙门山，在今陕西韩城东北五十里，黄河流经其间。

理：即治理，唐人避唐高宗讳，改“治”为“理”。

窥家：大禹在外治水八年，三过家门而不入。

九州：指天下。

蚕麻：养蚕种麻，此泛指农业生产。

茫然风沙：此句的意思是水虽不至于有滔天之祸，仍有风沙之害。

凭：徒步渡过河流。

挂罥(juàn)：尸骨挂于雪齿之间。

箜篌：古时的一种弦乐器。似琴而小，用拨弹之。有竖、卧两种。

题潼关楼

唐 崔颢

客行逢雨霁，歇马上津楼。
山势雄三辅，关门扼九州。
川从陕路去，河绕华阴流。
向晚登临处，风烟万里愁。

作者：

崔颢（704年—754年），唐代诗人。汴州（今河南开封市）人。其前期诗作多写闺情，流于浮艳轻薄，后来的边塞生活使他的诗风大振，尤其是边塞诗慷慨豪迈，雄浑奔放名著当时。《全唐诗》存其诗四十二首。

译文：

雨过天晴，匆匆赶路的游子巧遇此楼；乘马歇脚之际，我登上了这座靠近渡水的关楼。周围山势雄伟，保护着京畿的三辅之地；关口险要，扼守着通往九州要道。广阔的平川由此向陕州之路通去，滚滚黄河环绕着华阴一路奔流。夕阳西下，凭栏远眺，一片风烟迷离，我这漂泊万里之人顿感无限忧愁。

注释：

霁：雨雪停止，天气转晴。

歇马：即停马，中途休息。

津楼：潼关关楼。

三辅：指长安及其附近地区。

扼：扼卡，控制。

九州：古代分天下为九州，此指天下。

川：川道，即潼关东面的关道。

从：向。

陕路：即古陕陌，在今河南省陕县黄河南岸三门峡附近。陕，一作“峡”。

华阴：华山的北面。古时以山的北面为阴。

向晚：傍晚。

九曲词 · 其三

唐 高适

铁骑横行铁岭头，西看逻逊取封侯。
青海只今将饮马，黄河不用更防秋。

作者：

高适（704年—765年），字达夫，沧州渤海县（今河北省景县）人。唐朝时期大臣、边塞诗人，安东都护高侃之孙。与岑参、王昌龄、王之涣合称“边塞四诗人”，著有《高常侍集》二十卷。

译文：

铁骑横行在铁岭头，往西看着逻逊想封侯。青海湖如今将饮马，黄河也不用重兵防守。

注释：

铁岭：不详所在。可能是西部边塞的一座山名，也可能是泛指险峻的山岭。

逻逊（suò）：又作“逻娑”，唐时吐蕃之都城，即今西藏自治区拉萨市。

青海：湖名，在今青海省东北部。

防秋：唐时突厥、吐蕃等游牧民族常在秋季马肥兵壮时入侵中原，唐亦调重兵防守。

黄河二首

唐 杜甫

其一

黄河北岸海西军，椎鼓鸣钟天下闻。
铁马长鸣不知数，胡人高鼻动成群。

其二

黄河西岸是吾蜀，欲须供给家无粟。
愿驱众庶戴君王，混一车书弃金玉。

作者：

杜甫（712年—770年），字子美，自号少陵野老，世称“杜工部”“杜少陵”等。唐代伟大的现实主义诗人，被世人尊为“诗圣”，其诗被称为“诗史”。杜甫与李白合称“李杜”，为了跟另外两位诗人李商隐与杜牧即“小李杜”区别开来，杜甫与李白又合称“大李杜”。他忧国忧民，人格高尚，诗艺精湛，备受推崇，影响深远。

译文：

当年黄河北岸本有多个军镇，棰鼓鸣钟声震天下。今日吐蕃的骑兵数不胜数，高鼻梁的胡人成群。

黄河的西南是我国的蜀地，要为前方军队供给而家中却缺乏粮草。愿动员百姓一起拥戴君王，宁放弃所有珍宝也要守护国家统一。

注释：

黄河北岸：此处泛指西北地区。

椎（chuí）鼓：击鼓。

铁马：披甲的战马。形容强悍勇猛的骑兵。此处指吐蕃军队。

胡人高鼻：高鼻梁的胡人。

众庶：百姓。

混一车书：泛指统一中国。

金玉：黄金与珠玉，此处泛指珍宝。

戏为六绝句·其二

唐 杜甫

王杨卢骆当时体，轻薄为文哂未休。
尔曹身与名俱灭，不废江河万古流。

译文：

王勃、杨炯、卢照邻和骆宾王四杰在当时的时代条件下，他们的作品已经达到最高的造诣。然而四杰的文章被认为是轻薄的，被守旧文人讥笑。你们这些守旧文人，在历史的长河中本微不足道，因此只能身名俱灭，而四杰却如长江黄河永恒，万古流芳。

注释：

王杨卢骆：王勃、杨炯、卢照邻、骆宾王。这四人都是初唐时期著名的作家，时人称之为“初唐四杰”。

当时体：指“四杰”诗文的体裁和风格在当时自成一体。

轻薄（bó）：言行轻佻，有玩弄意味。此处指当时守旧文人对“四杰”的攻击态度。

哂（shěn）：讥笑。

尔曹：你们这些人。

不废：不影响。

东归晚次潼关怀古

唐　岑参

暮春别乡树，晚景低津楼。
伯夷在首阳，欲往无轻舟。
遂登关城望，下见洪河流。
自从巨灵开，流血千万秋。
行行潘生赋，赫赫曹公谋。
川上多往事，凄凉满空洲。

作者：

岑参（约715年—770年），曾任嘉州（今四川乐山）刺史，后人因称“岑嘉州”。工诗，长于七言歌行。对边塞风光、军旅生活，以及民族地区的文化风俗有亲切的感受，故其边塞诗尤多佳作。风格与高适相近，后人多并称“岑高”。

译文：

暮春时满眼是异乡的草木，晚景中看到那渡津的关楼。伯夷曾在首阳山居住，我想去瞻仰却没有过河的轻舟。登上潼关城头眺望，俯瞰着黄河滔滔奔流。自从巨灵把大山分开，这里流尽了万载千秋。潘岳于此作名赋，赫赫曹公于此显奇谋。大河上经历了多少往事，如今只见一片凄凉笼罩着空空的河洲。

注释：

别乡树：指岑参在长安的居处。

津楼：指风陵津楼。

伯夷：商末士君子。

首阳：即首阳山。

关城：指潼关城墙。

洪河：指黄河。

巨灵：河神，此处指黄河。

流血：言自古以来此地征战不休，鲜血染红了黄河水。一作“流尽”。

潘生：指西晋文人潘岳。他曾西来长安，作《西征赋》。

曹公：即三国曹操。

登鹳雀楼

唐　耿沣

久客心常醉，高楼日渐低。
黄河经海内，华岳镇关西。
去远千帆小，来迟独鸟迷。
终年不得意，空觉负东溪。

作者：

耿沣，字洪源，河东(今属山西)人。登宝应元年进士第，官右拾遗。工诗，与钱起、卢纶、司空曙诸人齐名，号“大历十才子”。沣诗不深琢削，而风格自胜。

译文：

久居他乡之人心经常迷茫，在鹳雀楼看到太阳慢慢落下。黄河横贯祖国辽阔疆域，华山镇守这函谷关以西。远处望去千帆微小，孤鸟离群独处。终究有志难酬，时间像流水一样东去不归。

注释:

久客：久居他乡之人，此为诗人自指。

醉：迷茫。

高楼：指鹳雀楼。

独鸟：离群独处的孤鸟。

终年：终究。

自巩洛舟行入黄河即事寄府县僚友

唐　韦应物

夹水苍山路向东，东南山豁大河通。
寒树依微远天外，夕阳明灭乱流中。
孤村几岁临伊岸，一雁初晴下朔风。
为报洛桥游宦侣，扁舟不系与心同。

作者：

韦应物（约737年—791年），唐代诗人。因出任过苏州刺史，世称“韦苏州”。诗风恬淡高远，以善于写景和描写隐逸生活著称。

译文：

两岸青山夹着洛水，船顺水向东航行，东南方向的山谷开阔，洛水与黄河相通。稀疏的树木远在天边隐约可见，夕阳映照在汹涌的河水中忽暗忽明。想起了几年前出现在伊河边的孤零零村落，眼前是雨霁初晴，一只孤雁在朔风中向南方飞去。我要告诉在洛桥漫游的做官的朋友，我的心思就像不拴系的小船随波逐流。

注释：

巩：今河南巩县。

洛：洛水。

豁：大洞，此指两山交界处的深谷。

大河：指黄河。

依微：依稀，因距离遥远而模糊不清的样子。

乱流：指众多的河流。

伊岸：伊水畔。

洛桥：洛阳洛河上之天津桥。

游宦侣：在外地做官的朋友。

扁舟：小船。

同崔邠登鹳雀楼

唐　李益

鹳雀楼西百尺樯，汀洲云树共茫茫。
汉家箫鼓空流水，魏国山河半夕阳。
事去千年犹恨速，愁来一日即为长。
风烟并起思归望，远目非春亦自伤。

作者：

李益（748年—约829年），唐代诗人。字君虞。陇西姑臧（今甘肃武威）人。长于七绝，以写边塞诗知名。今存《李益集》二卷，《李君虞诗集》二卷。

译文：

鹳雀楼西边有百尺桅樯，汀洲上高耸入云的树木一片茫茫。汉家乐奏犹如逝去的流水，魏国山河也已经半入夕阳。往事过千年尚遗憾时间过得快，忧愁到来一天也觉得太长。战乱中更激起思念家乡的情感，远望楼前景色已非春天，不免自我感伤。

注释：

同：犹“和”，酬和。

崔邠(bīn)：唐代诗人。字处仁，清河武城人。

鹳(guàn)雀楼：唐代河中府的名胜。北周宇文护所建，楼高三层，原在山西蒲州府西南(今永济县)，前瞻中条山，下瞰大河。因鹳雀常栖息其上而得名。后为河水冲没。

西：一作“南”，一作“前”。

汀洲：水中小洲。

箫鼓：箫与鼓。泛指乐奏。

魏国山河：指大好河山。

千年：极言时间久远。

风烟：一作“风尘”。

远目：远望。

塞下曲·其一

唐　李益

蕃州部落能结束，朝暮驰猎黄河曲。
燕歌未断塞鸿飞，牧马群嘶边草绿。

译文：

西北部的军队士兵会整理戎装，打扮自己，早晚在黄河转弯的地方奔驰狩猎。

在不绝的豪壮燕歌声中，边塞的鸿雁高飞，放牧的马儿叫着。春天快到了，地上的草开始转绿。

注释：

《塞下曲》：属于乐府旧题，唐时称《新乐府辞》。

蕃州：泛指西北地区。

结束：装束，打扮。

燕歌：泛指悲壮的燕地歌曲。

羽林行

唐 孟郊

朔雪寒断指，朔风劲裂冰。
胡中射雕者，此日犹不能。
翩翩羽林儿，锦臂飞苍鹰。
挥鞭快白马，走出黄河凌。

作者：

孟郊（751年—814年），字东野，唐代著名诗人。湖州武康（今浙江德清县）人，祖籍平昌（今山东德州临邑县）。先世居洛阳（今属河南洛阳），后隐居嵩山。孟郊因其诗作多写世态炎凉，民间苦难，故有“诗囚之称”，与贾岛并称“郊寒岛瘦”。孟诗现存500多首，以短篇五古最多。今传本《孟东野诗集》10卷。

译文：

北方大雪纷飞，寒气逼人，简直能冻断人的手指，强劲的北风呼啸，撕裂了厚厚的冰层。胡地挽弓射雕的人，今天也不能出猎。冰雪茫茫间，却见一位行动轻捷的羽林军，身着锦甲，臂架欲凌空飞翔的苍鹰。挥鞭催促坐下的白马疾速驰骋，飞奔越过黄河的冰凌。

注释：

朔雪：朔方的雪，北方的雪。

朔风：北风，寒风。

劲裂冰：劲猛撕裂寒冰。

胡中：胡人中间。

射雕：箭射雕鹰，喻善射。

此日：这样的日子。

犹：仍，尚且。

翩翩：飞行轻快貌。举止洒脱，多指青年男子。

羽林：禁卫军名。汉武帝时选陇西天水等六郡良家子宿卫建章宫，称建章营骑。后改名羽林骑。

锦臂：指臂膊套，有用以架鹰的臂韝（gōu），即臂衣。

决：较量，分胜负。决胜。

凌：冰凌，流凌。

泛黄河

唐　孟郊

谁开昆仑源，流出混沌河。
积雨飞作风，惊龙喷为波。
湘瑟飕飗弦，越宾呜咽歌。
有恨不可洗，虚此来经过。

译文：

谁打开了昆仑山的水源，流出了这浑浊不清的黄河？急雨横飞而成河上疾风，黄河波涛犹如受惊的巨龙所喷。（黄河风吹浪打如）湘水女神鼓瑟，越人悲泣唱歌。（黄河之水）不能洗去心头的怨恨，空荡荡从此经过。

注释：

泛：漂浮、漂渡。

昆仑源：古代以为黄河发源于昆仑山脉的巴颜喀拉山。

混沌：同“浑沌”。清浊不分的样子。

湘：湘水女神。

越宾：一作“越客”。越人庄舄（xì）。

呜咽：悲泣声。

条山苍

唐　韩愈

条山苍，河水黄。
浪波沄沄去，松柏在高冈。

作者：

韩愈（768年—824年），唐代文学家、哲学家。字退之，河南河阳（今河南孟州）人。自谓郡望昌黎，世称韩昌黎。卒谥“文”。倡导古文运动，其散文被列为“唐宋八大家”之首，与柳宗元并称“韩柳”。其诗力求新奇，有时流于险怪，对宋诗影响颇大。有《昌黎先生集》。

译文：

苍翠的中条山啊，浪涛滚滚的黄河水。你的浪涛汹涌澎湃，一泻千里，流向远方；苍松翠柏，郁郁葱葱，挺立在山冈上。

注释：

条山：即中条山，在今山西省西南部黄河北岸。

苍：深绿色。

河水：黄河之水。

沄（yún）沄：形容波浪滔滔。

高冈：山冈，指中条山。

浪淘沙 · 九曲黄河万里沙

唐　刘禹锡

九曲黄河万里沙，浪淘风簸自天涯。
如今直上银河去，同到牵牛织女家。

作者：

刘禹锡（772年—842年），字梦得，生于河南郑州荥阳，唐朝时期大臣、文学家、哲学家，有“诗豪”之称。刘禹锡与柳宗元并称“刘柳”，与韦应物、白居易合称“三杰”，并与白居易合称“刘白”，留下《陋室铭》《竹枝词》《杨柳枝词》《乌衣巷》等名篇。著有《刘梦得文集》《刘宾客集》。

译文：

万里黄河弯弯曲曲挟带着泥沙，风急浪涌，河水滔滔来自天涯。如今好像要直飞上高空的银河，一起去寻访牛郎织女的家。

注释：

浪淘沙：唐教坊曲名，后又用为词牌名。

九曲：自古相传黄河有九道弯，形容黄河蜿蜒曲折。

万里沙：黄河在流经各地时挟带大量泥沙。

浪淘风簸：黄河卷着泥沙，风浪滚动的样子。

自天涯：来自天边。

河阴夜泊忆微之

唐　白居易

忆君我正泊行舟，望我君应上郡楼。
万里月明同此夜，黄河东面海西头。

作者：

白居易（772年—846年），字乐天，号香山居士，又号醉吟先生。是唐代伟大的现实主义诗人。白居易与元稹共同倡导新乐府运动，世称“元白”，与刘禹锡并称“刘白”。白居易的诗歌题材广泛，形式多样，语言平易通俗，有“诗魔”和“诗王”之称。有《白氏长庆集》传世，代表诗作有《长恨歌》《卖炭翁》《琵琶行》等。

译文：

我正在泊舟过宿时思念君，你想望我就登上郡里的高楼吧！同在今宵万里明月的光照之下，尽管我在河东，君在海西头。

注释：

河阴：河阴县，在今郑州荥阳东北。

忆：思念。

微之：元稹，字微之。与白居易共同提倡“新乐府”，并称“元白”。

行舟：航行中的船。

郡楼：郡里的高楼。

望月有感

唐　白居易

自河南经乱，关内阻饥，兄弟离散，各在一处。因望月有感，聊书所怀，寄上浮梁大兄、於潜七兄、乌江十五兄，兼示符离及下邽弟妹。

时难年荒世业空，弟兄羁旅各西东。
田园寥落干戈后，骨肉流离道路中。
吊影分为千里雁，辞根散作九秋蓬。
共看明月应垂泪，一夜乡心五处同。

译文：

自从河南地区经历战乱，关内一带漕运受阻致使饥荒四起，我们兄弟也因此流离失散，各自在一处。因为看到月亮而有所感触，便随性写成诗一首来记录感想，寄给在浮梁的大哥、在於潜的七哥，在乌江的十五哥和在符离、下邽的弟弟妹妹们看。战乱灾荒祖传的产业荡然空空，弟兄漂泊寄居他乡各奔西东。战乱过后的田园荒芜寥落，逃亡途中骨肉同胞流落离散。顾影自怜好像离群的旅雁，行踪不定酷似无根的秋蓬。同看明月，分散的亲人都会伤心落泪，一夜思乡心情五地相同。

注释：

河南：唐时河南道，辖今河南省大部和山东、江苏、安徽三省的部分地区。

关内：关内道，辖今陕西大部及甘肃、宁夏、内蒙古的部分地区。

阻饥：遭受饥荒等困难。

浮梁大兄：白居易的长兄白幼文。

於潜七兄：白居易叔父白季康的长子。

乌江十五兄：白居易的从兄白逸。

符离：在今安徽宿县内。白居易的父亲在彭城（今江苏徐州）做官多年，就把家安置在符离。

下邽：县名，治所在今陕西省渭南县。白氏祖居曾在此。

时难年荒：指遭受战乱和灾荒。荒，一作“饥”。

世业：祖传的产业。

羁旅：漂泊流浪。

寥落：荒芜零落。

干戈：古代两种兵器，此代指战争。

吊影：一个人孤身独处，形影相伴，没有伴侣。

千里雁：比喻兄弟们相隔千里，皆如孤雁离群。

辞根：草木离开根部，比喻兄弟们各自背井离乡。

九秋蓬：深秋时节随风飘转的蓬草，古人用来比喻游子在异乡漂泊。

北中寒

唐　李贺

一方黑照三方紫，黄河冰合鱼龙死。
三尺木皮断文理，百石强车上河水。
霜花草上大如钱，挥刀不入迷濛天。
争瀯海水飞凌喧，山瀑无声玉虹悬。

作者：

李贺（790年—约817年），字长吉，汉族，唐代河南福昌（今河南洛阳宜阳县）人，家居福昌昌谷，后世称李昌谷，是唐宗室郑王李亮后裔。有“诗鬼”之称，是与“诗圣”杜甫、“诗仙”李白、“诗佛”王维相齐名的唐代著名诗人。有《雁门太守行》《李凭箜篌引》等名篇。著有《昌谷集》。元和八年（813年）因病辞去奉礼郎回昌谷，27岁英年早逝。

译文：

北方的黑暗笼罩大地，映得其余三方也暗紫昏迷。黄河河面冻结成冰，河里的游鱼全都被冻死了。三尺厚的树皮被冻断了纹理，百石重的车可在河水凝成的冰面上行走。草上凝着铜钱一样大的霜花。连空气都凝结住了，用刀也无法破开。湖沼里波涛激荡，巨冰相撞发出巨大声响。瀑布被冻结不再流泻发声，如白玉的虹悬挂于山涧。

注释：

一方：北方。

黑：北方的阴冷之气。

三尺木皮：形容木皮之厚。

石：重量单位。

争澄：形容波涛回旋激荡。

海：一些地方称湖泊为海子。

瀑：瀑布。

潼关兰若

唐　许浑

来往几经过，前轩枕大河。
远帆春水阔，高寺夕阳多。
蝶影下红药，鸟声喧绿萝。
故山归未得，徒咏采芝歌。

作者：

许浑（约791年—约858年），字用晦（一作仲晦），唐代诗人，润州丹阳（今江苏丹阳）人。晚唐最具影响力的诗人之一，诗中多描写水、雨之景，后人拟之与诗圣齐名，并以“许浑千首诗，杜甫一生愁”评价之。代表作有《咸阳城东楼》。

译文：

我来来往往多次经过潼关寺，潼关寺前面的轩室像枕卧在大河之上一样。远处，几叶轻舟在宽阔的春水中荡漾，高高的寺院被笼罩在灿烂的夕阳之下。近处，美丽的蝴蝶在芍药花丛中翩翩起舞，绿萝里不时有婉转的鸟声飘来。我难以像商山四皓那样回故乡归隐，只有在这里空咏采芝之歌了。

注释：

潼关：关隘名。古称桃林塞。东汉时设潼关，故址在今陕西省潼关县东南，处陕西、山西、河南三省要冲。

兰若：指寺院。梵语“阿兰若”的省称，意为寂净无苦恼烦乱之处。

前轩：轩，有窗槛的小室或长廊。前轩，前面的小室或长廊。

红药：芍药花。

绿萝：绿色藤萝。

采芝：即《采芝操》，四皓所作也。隐士之歌。

咸阳城西楼晚眺

唐　许浑

一上高城万里愁，蒹葭杨柳似汀洲。
溪云初起日沉阁，山雨欲来风满楼。
鸟下绿芜秦苑夕，蝉鸣黄叶汉宫秋。
行人莫问当年事，故国东来渭水流。

译文：

登上高楼万里乡愁油然而生，眼中水草杨柳就像江南汀洲。溪云突起红日落在寺阁之外，山雨未到狂风已吹满咸阳楼。黄昏杂草丛生的园中鸟照飞，深秋枯叶满枝的树上蝉啾啾。来往的过客不要问从前的事，只有渭水一如既往地向东流。

注释：

咸阳：秦都城，今属陕西。

蒹葭：芦苇一类的水草。

汀洲：水边平坦的沙洲。

当年：一作“前朝”。

明君词

唐 王偃

北望单于日半斜，明君马上泣胡沙。
一双泪滴黄河水，应得东流入汉家。

作者：

王偃，唐代诗人。玄宗天宝年间人。其诗曾收入李康成《玉台后集》。《全唐诗》存诗2首。

译文：

北望匈奴的异域太阳空中半斜，昭君骑马在胡人所居的沙漠哭泣。（昭君）将泪水洒在黄河里，以期望泪水东归入汉。

注释：

明君：王昭君。汉元帝官人，名嫱，晋人为避讳司马昭，改称“明君”。

单于：汉代时匈奴人对他们首领的称呼，这里是指韩邪单于。

胡：胡人。

公无渡河

唐　温庭筠

黄河怒浪连天来，大响谹谹如殷雷。
龙伯驱风不敢上，百川喷雪高崔嵬。
二十三弦何太哀，请公勿渡立徘徊。
下有狂蛟锯为尾，裂帆截棹磨霜齿。
神锥凿石塞神潭，白马趁趯赤尘起。
公乎跃马扬玉鞭，灭没高蹄日千里。

作者：

温庭筠（801年—866年）唐代诗人、词人。本名岐，字飞卿，太原祁（今山西祁县东南）人。有“温八叉”之称。官终国子助教。精通音律。工诗，与李商隐齐名，时称“温李”。为“花间派”首要词人，对词的发展影响较大。在词史上，与韦庄齐名，并称“温韦”。存词七十余首。后人辑有《温飞卿集》及《金奁集》。

译文：

怒浪连天的黄河咆哮而来，其声如震撼的大雷。龙伯国巨人乘风而来不敢靠近，百川汇流激浪喷雪高大雄伟。箜篌的乐曲悲伤哀婉，劝君切勿渡河立即返回。水下有狂蛟其尾如锯，它的牙齿常常把船棹撕毁。神人用锥凿石填塞神潭，白马奔驰掀起一片红尘。仙人助公跃马扬鞭，一日千里向彼岸飞奔。

注释：

硡硡：一作“肱肱”。象声词，形容声音巨大。

殷雷：轰鸣的雷声。

龙伯：古代神话中的巨人国，其人长数十丈，举足数步而跨越五山。

崔嵬：高大雄伟。

蛟：传说中指兴风作浪、能发洪水的海龙。

灭没：形容马跑得极快。

高蹄：高蹄战马。

河中陪帅游亭

唐　温庭筠

倚阑愁立独徘徊，欲赋惭非宋玉才。
满座山光摇剑戟，绕城波色动楼台。
鸟飞天外斜阳尽，人过桥心倒影来。
添得五湖多少恨，柳花飘荡似寒梅。

译文：

倚着栏杆发愁站立又独自徘徊，想赋诗又惭愧无宋玉之才气。游客座上看到山映水中如同剑戟排立动荡，蒲州城内楼台映入水中，随波动摇。鸟飞到天边斜阳尽头，人走过桥心出现倒影。增添了多少五湖隐遁的遗憾，北方飘荡的柳花和南方早春的梅花相似。

注释：

阑：即栏，栏杆。

宋玉才：宋玉似的才气。

满座：游客座位。

波色：黄河景色。

五湖：太湖别称，范蠡在五湖隐遁，遂留鸟尽弓藏之恨。

龙门八韵

唐 薛能

河浸华夷阔，山横宇宙雄。
高波万丈泻，夏禹几年功。
川迸晴明雨，林生旦暮风。
人看翻进退，鸟性断西东。
气逐云归海，声驱石落空。
近身毛乍竖，当面语难通。
沸沫归何处，盘涡傍此中。
从来化鬐者，攀去路应同。

作者：

薛能（817年—880年），字太拙，河东汾州（山西汾阳县）人。晚唐大臣，著名诗人。癖于作诗，时人称其“诗古赋纵横，令人畏后生”。著有《薛能诗集》十卷、《繁城集》一卷。

译文：

黄河水浸润着中国广阔的大地，龙门屹立天地之间雄伟壮观。万丈波涛倾泻而下，这是夏禹用几年工夫开凿龙门的结果。河流飞溅如同晴天下雨，清晨树林中吹着凉风。人习惯看问题反复进退变化，飞鸟习性可以辨别东西南北方向。大气追逐着云层归于大海，声响驱赶着石头最后化为乌有。走进龙门汹涌的声响不禁让人汗毛直立，人们面对面说话都听不清楚。飞溅的水沫到了什么地方了，水旋流形成的深涡就在这中间。那些鲤鱼托化成龙，竞相攀登过龙门的路应该是相同的。

注释：

华夷：指汉族与少数民族。后亦指中国和外国。宋元时指国家的疆域。

宇宙：天地之间。

夏禹：大禹，夏朝的第一位天子，后人称为夏禹。

旦：清晨。

化謍者：喻鲤鱼托化为龙。

秋日望西阳

唐 刘沧

古木苍苔坠几层，行人一望旅情增。
太行山下黄河水，铜雀台西武帝陵。
风入蒹葭秋色动，雨馀杨柳暮烟凝。
野花似泣红妆泪，寒露满枝枝不胜。

作者：

刘沧（约公元867年前后在世），字蕴灵，汶阳（今山东宁阳）人。有诗集一卷（《新唐书艺文志》）传于世。刘沧为宣宗大中八年进士，据《唐才子传》，刘沧屡举进士不第，得第时已白发苍苍。

译文：

秋天山上古木参天，树干上长满了苔藓，累累垂垂，层层叠叠，风景清幽，因而旅途的人们看到后立刻勾起了羁旅思绪以及增添了幽思之情。太行山下黄河水滚滚东流而去，铜雀台西的魏武帝曹操的高陵巍峨耸立。西风吹动着河边发黄的芦苇，摇摆不定；接近傍晚，雨后杨柳树枝上的烟气袅袅，氤氤氲氲，犹如烟雾一样凝滞在树上，非常迷幻美艳。山上的野花被雨水打湿后，红色花朵滴水不断，仿佛是美丽的女子在伤心地哭泣；而树枝上的寒凉的露水不断滴落，树枝摇摆，就好像承受不了这秋天的凉气和沉重一样。

注释：

旅情：羁旅之情。

铜雀台：位于河北临漳，是三国时期曹操所建。

蒹葭：指芦苇，芦苇到了秋天发黄，因而诗人形象地比喻成“秋色”。

登河中鹳雀楼

唐 司马扎

楼中见千里，楼影入通津。
烟树遥分陕，山河曲向秦。
兴亡留白日，今古共红尘。
鹳雀飞何处，城隅草自春。

作者：

司马扎，扎，一作礼。侨居茂陵（今陕西兴平东北）。宣宗大中（847年—858年）时人，与储嗣宗同时。应举不第，终身落拓，奔走四方，备极艰辛。

译文：

登楼可以看到千里之远，楼影仿佛映照到通达的渡口。通过云烟缭绕的树林遥望陕县，大好河山蜿蜒通向陕西。无论兴盛衰败白日依旧在，无论是古是今都在人世间。（昔日的）鹳雀都飞向了何处呢？城中角落只留得萋萋春草了。

注释：

津：渡口，指蒲津渡。

通津：通达的渡口。

烟树：云烟缭绕的树木、丛林。

分陕：今河南省陕县。

红尘：人世间。

隅：角落。

焚书坑

唐 章碣

竹帛烟销帝业虚，关河空锁祖龙居。
坑灰未冷山东乱，刘项原来不读书。

作者：

章碣（836年—905年），字丽山，汉族，唐代诗人，睦州桐庐人。章孝标之子。著有《章碣集》等。

译文：

焚书的烟雾刚刚散尽，秦始皇的帝业也随之灭亡，徒有函谷关和黄河天险，也守不住始皇帝居住的地方。焚书坑的灰烬还没冷却，山东各地已揭竿起义群起反抗。领导起义的人原来是不读书的项羽、刘邦！

注释：

焚书坑：秦始皇焚烧诗书之地，故址在今陕西省临潼县东南的骊山上。

竹帛：代指书籍。烟销：指把书籍烧光。

帝业：皇帝的事业。这里指秦始皇统治天下，巩固统治地位的事业。

关河：代指险固的地理形势。关：函谷关。河：黄河。

空锁：白白地扼守着。

祖龙居：秦始皇的故居，指咸阳。祖龙：代指秦始皇。

山东：崤函之东。一说指太行山之东，即为秦始皇所灭的六国旧有之地。

刘项：刘邦和项羽，秦末两支主要农民起义军的领袖。

黄 河

唐 罗隐

莫把阿胶向此倾，此中天意固难明。
解通银汉应须曲，才出昆仑便不清。
高祖誓功衣带小，仙人占斗客槎轻。
三千年后知谁在？何必劳君报太平！

作者：

罗隐（833年—909年），字昭谏，新城（今浙江富阳市新登镇）人，唐代诗人。大中十三年（859年）底至京师，应进士试，历七年不第。黄巢起义后，避乱隐居九华山，光启三年（887年），55岁时归乡依吴越王钱镠，历任钱塘令、司勋郎中、给事中等职。

译文：

不要把阿胶向黄河里倾倒，这是天意所定无法澄清。黄河河道曲折才能上通银河，刚从昆仑发源便不再清澈。高祖平定天下时宣誓好听，求官的通过巴结投靠贵族。不知道三千年以后，还有谁会活在这个世界上，又何必劳烦你来报告太平的天下盛世呢！

注释：

阿胶：中药名，据说能澄清河水。此句揭露官场像黄河水一样混浊，即使把用来澄清河水的阿胶都倒进去，也无济于事。

天意：最高统治者的圣意。

银汉：天上。此指皇帝身边。

高祖誓功衣带小：是汉高祖在平定天下、大封功臣时的誓词，曰："使河如带，泰山若砺。"意思是说赐给你们的爵位是永恒的，只有等到黄河变得像衣带那样窄、泰山像磨刀石那样平的时候，你们的爵位才有可能失去。喻指贵族世代霸占朝廷爵禄，不肯放手。

仙人占斗客槎轻：贵族阶级把持朝政，犹如"仙人占斗"（象征皇室或朝廷）。要想考试求官的人（客槎），只要经过他们援引，就飘飘直上了。斗：星官名，即北斗星，古人用以象征皇室朝廷。客槎：木筏。

浪淘沙

唐 司空图

不必长漂玉洞花，曲中偏爱浪淘沙。
黄河却胜天河水，万里萦纡入汉家。

作者：

司空图(837年—908年)，晚唐诗人、诗论家。字表圣，自号知非子，又号耐辱居士。司空图成就主要在诗论，《二十四诗品》为不朽之作。《全唐诗》收诗三卷。

译文：

未必长漂到玉洞仙居住的地方，歌曲中偏爱浪淘沙。黄河胜过天上的银河，万里弯曲环绕中国大地。

注释：

浪淘沙：唐教坊曲名，后用为词牌。

玉洞花：玉洞仙居住的地方。

天河：天上的银河。

萦纡：旋绕弯曲。

汉家：古代指中国。

北山书事

唐　张乔

黄河一曲山，天半锁重关。
圣日雄藩静，秋风老将闲。
车舆穿谷口，市井响云间。
大野无飞鸟，元戎校猎还。

作者：

张乔，唐代诗人，今安徽贵池人，懿宗咸通中年进士，当时与许棠、郑谷、张宾等东南才子称“咸通十哲”。黄巢起义时，隐居九华山以终。其诗多写山水自然，不乏清新之作。

译文：

黄河弯曲处的深山中，山势高峻如在半天之中。兴盛时期藩镇边境安定下来，深秋驻扎的老兵都很悠闲。大小车辆在山谷峡口川流不息，市井喧闹的声音传到了空中。茫茫旷野不见飞鸟，只有大军将士们打猎归来。

注释：

北山：黄河上游河西走廊北侧山地。

书事：记事。

天半：高空。

舆：小车。

市井：集市。

大野：旷野。

元戎：大军。

校猎：打猎。

咏史诗·黄河

唐　胡曾

博望沉埋不复旋，黄河依旧水茫然。
沿流欲共牛郎语，只得灵槎送上天。

作者：

胡曾（约850年－？），号秋田，邵阳（今属湖南）人，唐代诗人。于咸通年间中进士。胡曾工于诗，尤擅咏史。有《咏史诗》150首，皆七绝，每首以地名为题。其诗通俗明快，褒贬明确，传诵颇多。

译文：

张骞已深埋地下，无法凯旋，黄河依然苍茫辽阔。沿着黄河想与牛郎星对话，还得需要乘坐灵槎上天。

注释：

博望：西汉博望侯张骞。

不复旋：不再返回。

茫然：苍茫辽阔。

牛郎：牛郎星。

灵槎：指的张骞所乘之槎，传说张骞奉汉武帝之命寻黄河源头，乘槎沿黄河到了天上。

登单于台

唐 张蠙

边兵春尽回，独上单于台。
白日地中出，黄河天外来。
沙翻痕似浪，风急响疑雷。
欲向阴关度，阴关晓不开。

作者：

张蠙（生卒年不详），字象文，清河（今河北省邢台市清河县）人，约唐哀帝天复初前后在世。唐代著名诗人、才子。

译文：

春日里无战事士兵都已返回，我独自一个人登上了单于台。白炽的太阳从大地上升起，奔腾的黄河从远天之外涌来。黄沙翻滚纹痕好似大海波浪，狂风呼啸响声疑是平地生雷。很想跨越阴山关隘看个究竟，虽已天亮，阴山关隘门户不开。

注释：

单于台：在今内蒙古自治区呼和浩特市西，相传汉武帝曾率兵登临此台。

边兵：守卫边疆的士兵。

地中出：从平地升起。

沙翻：沙随风翻滚。

响疑雷：响声如同雷鸣。

阴关：阴山山脉中的关隘。阴山是汉代防御匈奴的屏障，绵亘今内蒙古自治区。

第五章 宋金元

黄河八韵寄呈圣俞

宋　欧阳修

河水激箭险，谁言航苇游。
坚冰驰马渡，伏浪卷沙流。
树落新摧岸，湍惊忽改洲。
凿龙时退鲤，涨潦不分牛。
万里通槎汉，千帆下漕舟。
怨歌今罢筑，故道失难求。
滩急风逾响，川寒雾不收。
谈能穷禹迹，空欲问张侯。

作者：

欧阳修（1007年—1072年），字永叔，号醉翁，晚号六一居士，庐陵永丰（今江西省吉安市永丰县）人，北宋政治家、文学家。欧阳修历仕仁宗、英宗、神宗三朝，官至翰林学士、枢密副使、参知政事。死后累赠太师、楚国公，谥号“文忠”，故世称欧阳文忠公。欧阳修是在宋代文学史上最早开创一代文风的文坛领袖，与韩愈、柳宗元、苏轼、苏洵、苏辙、王安石、曾巩合称“唐宋八大家”，并与韩愈、柳宗元、苏轼被后人合称“千古文章四大家”。他领导了北宋诗文革新运动，曾主修《新唐书》，并独撰《新五代史》。有《欧阳文忠公集》传世。

译文：

黄河澎湃激流似箭十分险峻，谁说一苇小舟即可渡过漫游？冬季河面冰封车马可以渡过，波涛平息时河水裹挟泥沙奔流。树木随着河岸坍塌而倒落，渭河水激荡决口改道横流。开凿龙门的激流逼退黄河之鲤，河水暴涨泥沙俱下分不清马和牛。万里黄河溯源而上直通银汉，千帆竞渡尽是往来的漕舟。有人抱怨为何不再筑堤让黄河回归故道，其实已废的河道难以复流。疾风劲吹，河滩之上风声愈响，天气寒冷，河面之上雾气难收。今人岂能寻到大禹治理黄河时的源头，何须白费心思去问张骞呢。

注释：

航苇：捆苇草当筏渡河。《诗经·河广》："谁谓河广，一苇杭（通"航"）之。"

伏浪：波涛平息。

树落：谓树木随着岸堤溃塌而倒落。

改洲：渭河水决口改道横流。

凿龙：陕西韩城县与山西河津县间之龙门山，黄河由其间流过，传说为大禹治水时开凿。

涨潦（lào）：犹涨水。潦，雨后地面的大量积水。

不分牛：《庄子·秋水》："秋水时至，百川灌河，泾流之大，两涘渚崖之间，不辨牛马。"

槎汉：传说银河与海、河相通，乘槎可至。槎，竹木筏。汉，河汉、银河。

漕：即漕运，水道运输。

罢筑：不再修筑堤坝。

故道：指黄河旧道。

逾：同"愈"。更加。

讵（jù）能：岂能。

穷禹迹：寻求到大禹治理黄河时的源头。

张侯：即汉代人张骞，因出使西域功封博望侯，传说其曾乘筏探河源，直到天上。

河边晚望

宋　司马光

高浪崩奔卷白沙，悠悠极望入天涯。
谁能脱落尘中意，乘兴东游坐石槎。

作者：

司马光（1019年—1086年），字君实，号迂叟，陕州夏县（今山西夏县）涑水乡人，世称涑水先生。北宋史学家、文学家。主要有史学巨著《资治通鉴》《温国文正司马公文集》《稽古录》《涑水记闻》《潜虚》等著作传世。

译文：

大河茫茫水急浪阔，奔涌的巨浪卷着白沙向东流去。极目望去，水天相接，好像一直流向天的尽头。谁能脱离尘俗的名利思想，有兴致去乘坐河中的砥柱东流而下。

注释：

悠悠：邈远之状。

尘中意：世俗的名利思想。

河势

宋　王安石

河势浩难测，禹功传所闻。
今观一川破，复以二渠分。
国论终将塞，民嗟亦已勤。
无灾等难必，从众在吾君。

作者：

王安石（1021—1086），字介甫，号半山。抚州临川（今江西省抚州市）人。北宋时期政治家、文学家、思想家、改革家。名列“唐宋八大家”；其诗“学杜得其瘦硬”，擅长于说理与修辞，晚年诗风含蓄深沉、深婉不迫，以丰神远韵的风格在北宋诗坛自成一家，世称“王荆公体”；其词写物咏怀吊古，意境空阔苍茫，形象淡远纯朴。有《临川集》等著作存世。病逝后累赠为太傅、舒王，谥号“文”，世称王文公。

译文：

黄河水势难以估测，大禹治水的功劳始终流传世间。如今看商胡决口之事，形成了北流和东流两支。关于国事的讨论终将阻塞，百姓叹息也日渐辛劳。坐等平安是不可能的，愿皇帝考虑下众臣主张堵塞北流的建议。

注释：

河势：黄河河道的形势。

浩：大水。

禹功：大禹治水之功。

一川破：黄河在澶州商胡（今河南濮阳）决口之事。

二分渠：商胡决口后形成北流、东流两支。

国论：国事讨论。

塞：堵塞北流之河。

嗟：叹息。

勤：辛劳。

众：指当时主张堵塞北流的众臣。

君：这里指宋神宗赵顼。

黄河

宋 王安石

派出昆仑五色流，一支黄浊贯中州。
吹沙走浪几千里，转侧屋闾无处求。

译文：

黄河的水源自昆仑山，贯穿神州大地气势磅礴。几千公里一路风沙一路波浪，一旦洪水决堤，万千黎民百姓将无家可归。

注释：

昆仑：昆仑山。

中州：中国，神州大地。

屋闾：百姓的房子。

书河上亭壁

宋　寇准

岸阔樯稀波渺茫，独凭危槛思何长。
萧萧远树疏林外，一半秋山带夕阳。

作者：

寇准（961年—1023年），字平仲，汉族，华州下邽（今陕西渭南）人。北宋政治家、诗人。寇准善诗能文，七绝尤有韵味，有《寇忠愍诗集》三卷传世。与白居易、张仁愿并称“渭南三贤”。

译文：

宽阔的黄河，只有不多的几条船在航行，眼前是波浪滚滚，一派渺茫。我独自登上河边的亭子，斜靠着栏杆，愁绪像河水，源源不断。那河边、远处，萧瑟秋风中，有片稀疏的树林，林后是耸立的高山，一半沐浴着西斜的阳光。

注释：

凭：靠。　　　　危：高。

萧萧：风声。　　危槛：高高的栏杆。

黄河

宋　苏轼

活活何人见混茫，昆仑气脉本来黄。
浊流若解污清济，惊浪应须动太行。
帝假一源神禹迹，世流三患梗尧乡。
灵槎果有仙家事，试问青天路短长。

作者：

苏轼（1037年—1101年），字子瞻，又字和仲，号铁冠道人、东坡居士，世称苏东坡、苏仙。汉族，眉州眉山（今属四川省眉山市）人，北宋文学家、书法家、画家。苏轼是北宋中期的文坛领袖，在诗、词、散文、书、画等方面皆取得了很高的成就。有《东坡七集》《东坡易传》《东坡乐府》等传世。常州病逝后追赠太师，谥号“文忠”。

译文：

谁见过黄河水流急湍的渺茫浩渺，昆仑山的气脉就是来自黄河。浑浊的流水如果分清楚浑浊与清澈，如此惊涛骇浪的工程需要移动太行山。先皇夏禹治理黄河的事迹一直流传至今，世间的灾害患难阻隔了去往尧舜的家乡。乘船而去如果真的能遇见神仙这样的事，请问去往青天的路是长是短？

注释：

活活：流水声。

混茫：通“混芒”。指（黄河水）混沌未分状，混杂不清。

昆仑：昆仑山。

气脉：旧时堪舆家称山水走向中的灵气。

浊流：浑浊的水流。

清济：济水清澈，诗文中常与浊河并举。

惊浪：汹涌的浪涛。

应须：应当；应该。

太行：在山西高原与河北平原间。从东北向西南延伸。北起拒马河谷，南至晋豫边境黄河沿岸。西缓东陡，受河流切割，多横谷，为东西交通孔道，古有“太行八陉”之称。

神禹：夏禹的尊称。

灵槎：能乘往天河的船筏。

青天：晴明的天空。

渡河

宋　黄庭坚

客行岁晚非远游，河水无情日夜流。
去年排堤注东郡，诏使夺河还此州。
忆昔冬行河梁上，飞雪千里曾冰壮。
人言河源冻彻天，冰底犹闻沸惊浪。

作者：

黄庭坚（1045年—1105年），字鲁直，号山谷道人，晚号涪翁，洪州分宁（今江西省九江市修水县）人，北宋著名文学家、书法家，为盛极一时的江西诗派开山之祖，与杜甫、陈师道和陈与义素有“一祖三宗”（黄庭坚为其中一宗）之称。与张耒、晁补之、秦观都游学于苏轼门下，合称为“苏门四学士”。生前与苏轼齐名，世称“苏黄”。著有《山谷词》，且黄庭坚书法亦能独树一帜，为“宋四家”之一。

译文：

年末客人旅居他乡并非为了游乐，河水没有情义日夜流淌。去年黄河决堤冲入澶州，皇帝下诏改道保住了此地。过去冬天在河面上行走，千里飞雪冰面坚硬。人说河源天气异常寒冷，冰底下似乎还能听到波浪奔涌。

注释：

岁晚：年末。

排堤：决堤。

东郡：即澶州，今河南濮阳一带。

诏使：皇帝命令。

夺河：谓改道使黄河回到河北故道。

河梁：黄河桥上。

层冰壮：谓结着厚厚的层冰。

河源：在青海省星宿海以西的约古宗列渠。

彻天：通天。神话传说黄河与天上银河相通。

河 上

宋　陈师道

背水连渔屋，横河架石梁。
窥巢乌鹊竞，过雨艾蒿光。
鸟语催春事，窗明报夕阳。
还家慰儿女，归路不应长。

作者：

陈师道（1052年—1101年），字履常，一字无己，号后山居士，徐州彭城（今江苏徐州市）人，三司盐铁副使陈洎之孙，北宋时期大臣、文学家，“苏门六君子”之一，江西诗派重要作家。

译文：

打鱼人的房屋背靠临近的河水，石桥横着河架立。悄悄看到鸟巢里乌鸦和喜鹊相争，雨后的艾蒿显得干净光亮。鸟叫声仿佛在催着春季耕种，窗户明亮等待夕阳。回到家告慰儿女，返回的故乡时间临近了。

注释：

渔屋：打鱼人住的屋子。

石梁：石桥。

乌鹊争：乌鸦与喜鹊争巢。

艾蒿光：雨后艾蒿显得干净光亮。

春事：春季耕种。

送紫岩张先生北伐

宋　岳飞

号令风霆迅，天声动北陬。
长驱渡河洛，直捣向燕幽。
马蹀阏氏血，旗枭可汗头。
归来报明主，恢复旧神州。

作者：

岳飞（1103年—1142年），字鹏举，宋相州汤阴县人（今河南安阳市汤阴县），中国历史上著名的军事家、战略家、民族英雄，位列南宋中兴四将之首。岳飞的文学才华也是将帅中少有的，他的不朽词作《满江红》，是千古传诵的爱国名篇。

译文：

军中的号令好似疾风暴雷，官军的声威震动了大地的每个角落。军队长驱直入，必将迅速收复河洛一带失地，一直攻打到幽燕一带。战马到处，踏着入侵之敌的血迹，旗杆上悬挂着敌国君主的头颅。官军胜利归来，把好消息报告皇帝，收复了失地，祖国又得到了统一。

注释：

紫岩张先生：指抗金名将张浚，诗人朋友。

北伐：指张浚以宰相兼都督诸路军马事的身份，召集诸将至平江府，准备北伐事。诗人也是北伐将领之一。

风霆：疾风暴雷。形容迅速，雷厉风行。

天声：指宋军的声威。

北陬（zōu）：大地的每个角落。

河洛：黄河、洛水，这里泛指金人占领的土地。

蹀（dié）：踏。

阏氏（yān zhī）：代指金统治者。

可汗（kè hán）：古代西域国的君主，这里借指金统治者。

神州：古代称中国为神州。

浙水

宋 范成大

黄流日夜向南风，道出封丘处处逢。
紫盖黄旗在湖海，故应河伯欲朝宗。

作者：

范成大（1126年—1193年），南宋诗人。字致能，又字幼元、友生，号山中居士，又号石湖居士，苏州吴县（今属江苏）人。其诗题材广泛，与陆游、杨万里、尤袤齐名，称“中兴四大家”或“南宋四大家”。又工词，文赋也享有盛名。著作颇富，传世作品有《石湖居士诗集》《石湖词》《桂海虞衡志》《吴船录》《吴郡志》等，存诗1900多首。

译文：

黄河水日夜向南方奔流，过了封丘处处有支流。云气在湖海之中，所以河伯也要从这里入海。作者以黄河南流入海，比喻金国也应朝宗于南宋。

注释：

浙水：黄河将要决口，各地出现的伏流。

黄流：黄河水。

封丘：现在的河南封丘。

紫盖黄旗：皆指云气，古人附会为帝王之气。

湖海：意指南宋皇帝偏安的江南。

朝宗：原指诸侯朝见帝王，这里指朝见南宋皇帝。

秋夜将晓出篱门迎凉有感二首

宋　陆游

其一

迢迢天汉西南落，喔喔邻鸡一再鸣。
壮志病来消欲尽，出门搔首怆平生。

其二

三万里河东入海，五千仞岳上摩天。
遗民泪尽胡尘里，南望王师又一年。

作者：

陆游（1125年—1210年），字务观，号放翁，南宋文学家、史学家、爱国诗人。主持编修孝宗、光宗《两朝实录》和《三朝史》，创作诗歌今存九千多首。著有《剑南诗稿》《渭南文集》《南唐书》《老学庵笔记》等。

译文：

其一

迢迢万里的银河朝西南方向下坠，邻家的公鸡喔喔叫个不停。疾病几乎把报国壮志消磨殆尽，出门四望不禁手搔白发抱憾平生。

其二

三万里长的黄河奔腾向东流入大海，五千仞高的华山耸入云霄。中原人民在胡人压迫下眼泪已流尽，他们盼望王师北伐盼了一年又一年。

注释：

将晓：天将要亮。

篱门：竹子或树枝编的门。

迎凉：出门感到一阵凉风。

天汉：银河。

搔首：以手搔头。焦急或有所思貌。

怆（chuàng）：悲伤。

三万里：长度，形容它的长，是虚指。

五千仞（rèn）：形容它的高。仞，古代计算长度的一种单位，周尺八尺或七尺，周尺一尺约合二十三厘米。

岳：指五岳之一西岳华山。黄河和华山都在金人占领区内。一说指北方泰、恒、嵩、华诸山。

摩天：迫近高天，形容极高。摩，摩擦、接触或触摸。

遗民：指在金占领区生活，却认同南宋王朝统治的人民。

泪尽：眼泪流干了，形容十分悲惨、痛苦。

胡尘：指金人入侵中原，也指金朝的暴政。胡，中国古代对北方和西方少数民族的泛称。

王师：指宋朝的军队。

题风陵渡

金　赵子贞

一水分南北，中原气自全。
云山连晋壤，烟树入秦川。
落日黄尘起，晴沙白鸟眠。
輓输今正急，忙煞渡头船。

作者：

赵子贞，金代人，生平不祥。

译文：

看到黄河之水南北流淌，这里具备中原的一切特点。多云的高山连结古晋大地，烟雾聚集的树林在渭河两岸。落日时黄尘四起，白鸟在阳光照耀的沙滩睡眠。现在渡口的运输急急匆匆，可把渡口的船忙坏了。

注释：

风陵渡：黄河渡口，在山西省芮城县西南，是山西、陕西、河南三省间的交通要道。

一水：指黄河。

中原：指黄河中下游地区。

云山：多云的高山。此处指中条山、吕梁山。

晋壤：古代晋国的土地，指曲沃一带。

烟树：水蒸气聚积如烟，雾一样的树林。

秦川：指陕西省渭河两岸。

輓输：指运输。前拉称輓，后推叫输，也用“挽”。

忙煞：忙坏了。

水调歌头·赋三门津

金　元好问

黄河九天上，人鬼瞰重关。长风怒卷高浪，飞洒日光寒。峻似吕梁千仞，壮似钱塘八月，直下洗尘寰。万象入横溃，依旧一峰闲。

仰危巢，双鹄过，杳难攀。人间此险何用，万古秘神奸。不用燃犀下照，未必佽飞强射，有力障狂澜。唤取骑鲸客，挝鼓过银山。

作者:

元好问（1190年—1257年），字裕之，号遗山，世称遗山先生。太原秀容（今山西忻州）人。金朝末年至大蒙古国时期文学家、历史学家。元好问自幼聪慧，有“神童”之誉。元好问是宋金对峙时期北方文学的主要代表、文坛盟主，又是金元之际在文学上承前启后的桥梁，被尊为“北方文雄”“一代文宗”，有《元遗山先生全集》《中州集》等作品传世。

译文:

黄河之水似乎是从天上而来，黄河之险让人鬼都要俯瞰而欲过不敢。大风起时，波涛汹涌，怒浪滔天，飘飞的浪花在阳光下闪闪发亮。黄河水所掀起的水浪高过那吕梁山，水浪声势之状可比那八月的钱塘潮，横空之下，一洗尘寰。黄河水浪冲斥万象，但是中流的砥柱山面对滔天巨浪，却依旧气定神闲。砥柱山之高峻，如那危巢，难以攀缘。人间有这样的险处有何用呢？原来是为了测辨忠奸。无须“燃犀下照”看水下美景，也不必像佽飞用力拉弓，便可力挽狂澜。呼唤那个骑鲸客，击着鼓飞过银山。

注释：

三门津：即三门峡，原在今河南省三门峡市东北黄河中，因峡中有三门山而得名。

人鬼：指三峡中的南鬼门，北人门。

吕梁：《列子·黄帝》：“孔子观于吕梁，悬水三十仞，流沫四十里，鼋鼍（yuán tuó）鱼鳖之所不能游也。”其地不名一处。

钱塘八月：指钱塘江八月十八日最盛大的潮水。

尘寰（huán）：尘世。

危巢：悬崖高处的鸟巢。

秘神奸：《左传·宣公三年》载夏禹将百物形象铸于鼎上，“使民知神奸”。词中神奸指种种善恶神奇之物。

燃犀：《晋书·温峤传》载：传说温峤曾至水深而多灵怪的牛渚矶，他点燃犀牛角照向水面，看到了很多水中怪物。后因以“燃犀”指洞察奸邪。

佽（cì）飞：汉武官名，掌弋射鸟兽。

骑鲸客：指豪勇之士。

挝（zhuā）：敲击。

银山：代指涛头。

吴桥县古河堤

元　萨都剌

迢迢古河堤，隐隐若城势。
古来黄河流，而今作耕地。
都邑变通津，沧海化为尘。
堤长燕麦秀，不见筑堤人。

作者：

萨都剌（1272年或1300年—1355年），字天锡，号直斋，元代著名诗人、画家。其先世为西域人，出生于雁门（今山西代县），善绘画，精书法，尤善楷书。人称雁门才子。

译文：

漫长的古河堤一望无际，远处的堤防仿佛是城池。古黄河在这里流淌，而今河流干涸已成耕地。城市变成了四通八达的渡口，沧海化成了陆地。长堤上燕麦绿绿葱葱，却不知道筑堤人去了哪里。

注释：

迢迢：悠长的样子。

城势：城池。

都邑：城市。

通津：四通八达的渡口。

山坡羊·潼关怀古

元 张养浩

峰峦如聚，波涛如怒，山河表里潼关路。
望西都，意踌躇。
伤心秦汉经行处，宫阙万间都做了土。
兴，百姓苦；
亡，百姓苦。

作者：

张养浩（1270年—1329年），汉族，字希孟，号云庄，又称齐东野人，济南（今山东省济南市）人，元代著名政治家、文学家。与清河元明善、汶上曹元用并称为“三俊”。代表作品有《三事忠告》，散曲《山坡羊·潼关怀古》等。

译文：

（华山的）山峰从四面八方汇聚，（黄河的）波涛像发怒似的汹涌。潼关外有黄河，内有华山，山河雄伟，地势险要。遥望古都长安，陷于思索之中。从秦汉宫遗址经过，引发无限伤感，万间宫殿早已化作了尘土。一朝兴盛，百姓受苦；一朝灭亡，百姓依旧受苦。

注释：

山坡羊：曲牌名。

潼关：古关口名，在今陕西省渭南市潼关县，关城建在华山山腰，下临黄河，扼秦、晋、豫三省要冲，非常险要，为古代入陕门户，是历代的军事重地。

峰峦如聚：形容群峰攒集，层峦叠嶂。

波涛如怒：形容黄河波涛的汹涌澎湃。

山河表里：即表里山河，形容潼关一带地势险要。具体指潼关外有大河，内踞丛山，形成险峻之势。

西都：指长安（今陕西西安）。这是泛指秦汉以来在长安附近所建的都城。秦、西汉建都长安，东汉建都洛阳，因此称洛阳为东都，长安为西都。

踌躇：犹豫、徘徊不定，心事重重。

经行处：经过的地方，指秦汉故都遗址。

黄河舟中月夜

元　马祖常

十丈云帆拂斗杓，星槎风急浪花飘。
夜深露冷银河近，卧听天孙织绛绡。

作者：

马祖常（1279年—1338年），元代色目人，回族著名诗人。字伯庸，光州（今河南潢川）人。为文法先秦两汉，宏瞻而精赅，富丽而新奇，内容多制诏、碑志等类作品，诗作圆密清丽，除应酬之作外，亦有反映民间疾苦的作品。

译文：

十丈高的船帆拂过北斗星，黄河夜间行船如往来天际的木筏一样飘荡。深夜露气寒冷行船接近天河，躺下来听仙女用生丝织红色薄纱。

注释：

云帆：高耸的船帆。

斗杓（biāo）：北斗第五、六、七颗星的名称。又称斗柄。

星槎：指驶往银河的木筏。

天孙：星名，即织女星。传说她是天帝之孙，巧于织造。

绛绡（jiàng xiāo）：生丝织成的红色薄纱。

第六章 明清

禹门

明　薛瑄

连山忽断禹门开，中有黄河滚滚来。
更欲登临穷胜景，却愁咫尺会风雷。

作者：

薛瑄（1389年—1464年），明代学者。字德温，号敬轩，河津（今属山西）人。永乐十九年（1421）进士，除御史，历山东提学佥事、大理寺少卿、南京大理卿、礼部右侍郎。学宗程朱，也能诗，有《河汾集》。

译文：

连绵起伏的龙门山忽然中断，禹门豁然敞开，只见黄河之水滚滚汹涌扑面而来。更想站在高处饱览这雄伟壮丽的景色，只担心咫尺之间水势浩大如风雷激荡。

注释：

穷：穷尽。

咫尺：距离很近。

风雷：此谓水势浩大，如风雷激荡。

黄河舟中·其一

明　于谦

顺风催浪片帆轻，顷刻奔驰十数程。
舵尾炊烟犹未熟，船头已见汴梁城。

作者：

于谦（1398年—1457年），字廷益，号节庵，官至少保，世称于少保。汉族，明朝浙江杭州钱塘县人。天顺元年因“谋逆”罪被冤杀。谥曰忠肃。有《于忠肃集》。于谦与岳飞、张煌言并称“西湖三杰”。

译文：

顺风推着浪感觉船体很轻，瞬间就奔驰了数十程。在舵尾烧火做饭还没有做熟，船头已经看到汴梁城了。

注释：

舵：用以控制行船方向的装置。

顷刻：一小会儿，瞬间。

炊烟：做饭烧柴的烟气，这里指烧火做饭。

汴梁城：今河南开封。开封在战国为魏都大梁，唐在此设汴州，金元以后合称“汴梁”。

龙门

明　乔宇

两峰环峙皆空青，万里黄流路所经。
声挟飙轮吹不断，色翻坤轴运无停。
谁能鼓枻歌渔夫，我欲乘槎访客星。
千载河清思献颂，会当移楫问川灵。

作者：

乔宇（1464年—1531年），字希大，号白岩山人，山西承宣布政使司太原府乐平县（今山西省晋中市昔阳县）人，与王云凤、王琼并称“晋中三杰”，亦称“河东三凤”。

译文：

龙门边上两座青绿的山峰相互对峙，万里黄河从此经过。流水震耳欲聋，仿佛带着御风而行的神车，声势浩大如同翻滚着地轴一直运行不停。谁能做那个鼓枻而歌的渔夫，我想乘着木筏拜见天河中的客星。千年来人们进献颂扬哪一天河水清清，一定会划动着船问黄河。

注释：

环峙：相互对立。

黄流：黄河水。

槎：传说从黄河上天的木筏。

会当：一定。

移棹：划船。

渡黄河

明　谢榛

路出大梁城，关河开晓晴。
日翻龙窟动，风扫雁沙平。
倚剑嗟身事，张帆快旅情。
茫茫不知处，空外棹歌声。

作者：

谢榛（1495年—1575年），明代文学家。字茂秦，自号四溟山人，又号脱屣山人。山东临清人。与李攀龙、王世贞等倡导文学复古运动，为“后七子”之一。

译文：

我一路经过大梁城，旭日初升照着河流关山。阳光下翻滚的浪涛把龙宫摇撼，狂风扫平了大雁栖息的沙滩。斜倚着宝剑感叹身世漂泊不定，张帆快行旅途心情暂时舒展。茫茫一片不知身在什么地方，空旷处有船棹歌，声声传到耳旁。

注释：

大梁：古地名，即今河南开封。

关河：原指函谷关、蒲津关等与黄河，后多泛指山河。

龙窟：龙住的地方，此处指水底。

雁沙：大雁栖息的沙地，此处指黄河岸边的沙滩。

空外：天外，空中。

棹（zhào）歌：船工行船时所唱之歌。

秋望

明　李梦阳

黄河水绕汉宫墙，河上秋风雁几行。
客子过壕追野马，将军弢箭射天狼。
黄尘古渡迷飞挽，白月横空冷战场。
闻道朔方多勇略，只今谁是郭汾阳。

作者：

李梦阳（1473年—1530年），字献吉，号空同，汉族，祖籍河南扶沟，善工书法，明代中期文学家，复古派前七子的领袖人物。提倡“文必秦汉，诗必盛唐”，李梦阳所倡导的文坛“复古”运动盛行了一个世纪，后为袁宗道、袁宏道、袁中道三兄弟为代表的“公安派”所替代。

译文：

滚滚黄河水环绕着长安，河上秋风阵阵，几行大雁从空中飞过。戍边的士兵越过护城河时尘沙阵阵，将军整装待发抗击敌军。黄河渡口尘土飞扬，运输粮草的车队、船队一派繁忙；明月当空，战场格外空寂、悲凉。听说北方多有英勇善战而又富于谋略的将军，只是如今再也没有郭子仪那样的人物。

注释：

汉宫墙：实际指明朝当时在大同府西北所修的长城，它是明王朝与鞑靼部族的界限。一作“汉边墙”。

客子：指离家戍边的士兵。

过壕：指越过护城河。

野马：本意是游气或游尘，此处指人马荡起的烟尘。

弢（tāo）箭：将箭装入袋中，就是整装待发之意。弢，装箭的袋子。

天狼：指天狼星，古人以为此星出现预示有外敌入侵，“射天狼”即抗击入侵之敌。

飞挽：快速运送粮草的船只，是“飞刍挽粟”的省说，指迅速运送粮草。

朔方：唐代方镇名，治所在灵州（今宁夏灵武西南），此处泛指西北一带。

郭汾阳：即郭子仪，唐代名将，曾任朔方节度使，以功封汾阳郡王。

晚渡黄河

明　许宗鲁

落日西山暗，洪河夏涨馀。
昏黄沉巩洛，浩渺极梁徐。
鼓听临流驿，灯看远岸渔。
频年在行役，倚棹一长吁。

作者：

许宗鲁（1490年—1559年），陕西咸宁人，字东侯，号少华。尤善书法有《少华集》等。

译文：

太阳落西山，天色暗沉，夏季黄河涨水许多。（西望）黄河似沉入巩洛地境，（东看）烟波浩渺直达梁徐。河边驿站鼓声阵阵，远岸渔火荧荧。长年公务在外奔波，靠着船棹一声长叹。

注释：

巩洛：巩县、洛阳一带，今属河南。

梁徐：地名，今河南开封市和江苏徐州市。

临流驿：河边驿站。

频年：多年。

行役：因公务而在外奔波。

倚棹：靠着船棹。

长吁：长叹。

黄河夜泊

明　李流芳

明月黄河夜，寒沙似战场。
奔流聒地响，平野到天荒。
吴会书难达，燕台路正长。
男儿久为客，不辨是他乡。

作者：

李流芳（1575年—1629年），明代文学家、书画家。字长蘅，又字茂宰。号泡庵、檀园、慎娱居士、六浮道人。歙县（今属安徽）人。擅山水，工书印，精诗文。书法学苏轼，诗文清新自然。传世作品有《溪山林屋图》《虎丘图》《长林丰草图》《山水图》等。著有《檀园集》等。

译文：

月光下黄河奔流不息，黄河边上的沙滩好似古时的战场。黄河轰隆隆地奔流翻腾不息，荒野伸向无尽的远方。书信难寄遥远的会稽，去燕台的路啊还很漫长。我这样长年四处漂泊，竟再也不觉得是客居他乡。

注释：

寒沙：寒冷的沙滩。

聒：声音嘈杂，使人厌烦。

平野：平坦的旷野。

天荒：极言空间无尽或历时久远。

吴会：吴地的会稽，即作者故乡。

燕台：指燕京，今北京。明朝的京城。

龙门

清　顾炎武

亘地黄河出，开天此一门。
千秋凭大禹，万里下昆仑。
入庙君蒿接，临流象想存。
无人书壁问，倚马将黄昏。

作者：

顾炎武（1613年—1682年），本名顾绛，字宁人，人称亭林先生，南直隶昆山（今江苏昆山市）人。明末清初的杰出的思想家、经学家、史地学家和音韵学家，与王夫之、黄宗羲、唐甄并称为明末清初“四大启蒙思想家”。著有《日知录》《天下郡国利病书》等。

译文：

地之终极处，开天辟地打开一扇门，黄河之水从此流出。龙门千秋大业凭借大禹开凿，黄河之水从昆仑山流下。进入禹王庙祭祀云烟缭绕，面临黄河洪水还留存感恩。再无人像屈原那样忧国忧民，我依靠着马怅然看着夕阳西下。

注释：

龙门：在山西省河津县西北，陕西省韩城县东北。

昆仑：昆仑山。

焄蒿：指香气蒸腾。焄（xūn），香气。

书壁：王逸《楚辞·天问序》："仰见图画，因书其壁，呵而问之。"言屈原忧国忧民，而今无人忧虑国家存亡。

倚马：靠在马身上。

咏贺兰山

清　胡秉正

西北天谁补，此山作柱擎。
蟠根横远塞，设险压长城。
俯瞰黄河小，高悬白雪清。
曾从绝顶望，灏气接蓬瀛。

作者:

胡秉正，清代诗人，字建中，宁夏人。清贡生，曾任庆阳府环县(今甘肃省环县)训导。工诗文。

译文:

女娲炼五色石补天，贺兰山当作擎天之柱。贺兰山纵横起伏通向远塞，高大险峻迫近长城。山顶俯瞰黄河变小，山头常有清冽的白雪。山顶仰望，弥漫天地之间的大气连接了蓬莱和瀛州。

注释：

蟠根：蟠，盘曲。蟠根，形容贺兰山的纵横起伏。

横：指东西走向。

压：迫近。

灏（hào）气：漫于天地之间的大气。

蓬瀛：即蓬莱和瀛州，传说中东海的两座仙山。

阅河堤作

清　爱新觉罗 · 玄烨

防河纡旰食，六御出深宫。
缓辔求民隐，临流叹俗穷。
何年乐稼穑，此日是疏通。
已著勤劳意，安澜早奏功。

作者：

爱新觉罗 · 玄烨（1654年—1722年），即康熙帝，清朝第四位皇帝、清定都北京后第二位皇帝。年号康熙。在位61年，是中国历史上在位时间最长的皇帝。康熙帝是中国统一的多民族国家的捍卫者，奠定了清朝兴盛的根基，开创出康乾盛世的局面。

译文：

忧虑黄河水患之事令人难以进食，为此出宫巡访。缓慢驾车行走，充分了解民情，面对黄河洪水感叹民间疾苦。黄河畅通之时，即为百姓安心农耕之日。已开始书写勤劳治河之事，黄河安澜的功劳要尽快启奏。

注释：

纡：郁结。

旰食：因事务繁而晚食。

六御：古代黄帝车驾六四，放以此指天子车驾。

辔（pèi）：驾驭牲口的缰绳。

民隐：百姓疾苦。

临流：面对黄河洪水。

俗：此指民间。

乐：安心。

稼：代指农业生产。

著：书写。

菩萨蛮 · 白日惊飙冬已半

清　纳兰性德

惊飙掠地冬将半，解鞍正值昏鸦乱。
冰合大河流，茫茫一片愁。
烧痕空极望，鼓角高城上。
明日近长安，客心愁未阑。

作者：

纳兰性德（1655年—1685年），满洲人，字容若，号楞伽山人，清代最著名词人之一。“纳兰词”在清代以至整个中国词坛上都享有很高的声誉。

译文：

狂风席卷大地.冬天已过半。解下马鞍暂且停驻，正值黄昏，群鸦乱飞。黄河已成片成片地结冰，茫茫一片，恰如愁思不绝。放眼望去，唯余一片野火的痕迹。高高的城楼上，鼓角连天。明日即将抵京，可游子的愁思却依然没有尽头。

注释：

菩萨蛮：词牌名，本唐教坊曲。

惊飙（biāo）：谓狂风。

解鞍：其意为解鞍下马，表示停下来。

昏鸦：即乌鸦。此指黄昏之时乌鸦乱飞。

烧痕：野火的痕迹。

鼓角句：鼓和号角，是古代军队使用的一种用来发号施令的鼓和号角。

长安：此代指北京城。

阑：残尽。

放鹤亭歌（节选）

清　爱新觉罗 · 弘历

青山绿野古徐州，黄河之水东南流。
本意登临豁远志，宣房深计翻增愁。

作者：

爱新觉罗 · 弘历（1711 年—1799 年），即乾隆皇帝，在位六十年。在位期间清朝达到了康乾盛世以来的最高峰，他在康熙、雍正两朝文治武功的基础上，进一步完成了多民族国家的统一，在平定边疆地区叛乱方面做出了巨大成绩，近代中国的版图也由此正式奠定。他在位期间，汉学得到了很大的发展，开博学鸿词科，修《四库全书》。

译文：

古徐州青山绿野，黄河之水东南奔涌。本想登高抒发豪情，治理河水却让我反增忧愁。

注释：

古徐州：帝尧曾建大彭氏国，古称彭城，历史为华夏九州之一。

宣房：典故名，西汉元光中，黄河决口于瓠子，二十余年不能堵塞，汉武帝亲临决口处，率兵十万负薪而填，功成后在其上筑宫，名为宣房宫。这里指治理河水。

沙沟

清　袁枚

沙沟日影渐朦胧，隐隐黄河出树中。
刚卷车帘还放下，太阳力薄不胜风。

作者：

袁枚（1716年—1797年），清代诗人、散文家。字子才，号简斋，晚年自号仓山居士、随园主人、随园老人。汉族，钱塘（今浙江杭州）人。在江宁小仓山下筑随园，吟咏其中。袁枚是乾嘉时期代表诗人之一，与赵翼、蒋士铨合称“乾隆三大家”。

译文：

沙沟的夕阳西垂渐入朦胧，河岸才会在疏疏落落的枝丫间时隐时现，仿佛从树丛中伸展出来。诗人刚要停车卷帘却马上又放下了车帘，太阳本身禁不起这北风的吹刮而收敛了光辉。

注释：

沙沟：在山东境内、黄河北岸。

车帘：旧时北方乘人的车子，前面挂着帘子，可以遮挡风沙。

赴戍登程口占示家人·其二

清 林则徐

力微任重久神疲，再竭衰庸定不支。
苟利国家生死以，岂因祸福避趋之。
谪居正是君恩厚，养拙刚于戍卒宜。
戏与山妻谈故事，试吟断送老头皮。

作者：

林则徐（1785年—1850年），字元抚，又字少穆、石麟，晚号俟村老人、俟村退叟、七十二峰退叟、瓶泉居士、栎社散人等，福建侯官县人，中国清代后期政治家、文学家、思想家，民族英雄。道光十九年（1839年），以钦差大臣赴广东禁烟时没收洋人鸦片于虎门销毁。该事件被认为是第一次鸦片战争的导火线。他主持编译的《四洲志》及魏源编撰的《海国图志》，对晚清的洋务运动乃至日本的明治维新都具有启发作用。

译文：

我能力低微而肩负重任，早已感到筋疲力尽。一再担当重任，以我衰老之躯，平庸之才，是定然不能支撑了。如果对国家有利，我可以不顾生死。岂能因祸而逃避，见福就趋附呢？我被流放伊犁，正是君恩高厚。我还是退隐不仕，当一名戍卒适宜。我开着玩笑，同老妻谈起《东坡志林》所记宋真宗召对杨朴和苏东坡赴诏狱的故事，说你不妨吟诵一下“断送老头皮”那首诗来为我送行。

注释：

衰庸：意近“衰朽”，衰老而无能，这里是自谦之词。

以：用，去做。

谪居：因有罪被遣戍远方。

养拙：犹言藏拙，有守本分、不显露自己的意思。

刚：正好。

戍卒宜：做一名戍卒为适当。这句诗谦恭中含有愤激与不平。

山妻：对自己妻子的谦称。

故事：旧事，典故。

新店渡河口占

清　宗稷辰

西头渡河远，东头渡河近。
一苇犹可杭，河渡本无准。

作者：

宗稷辰（1792年—1867年），浙江会稽人，字涤甫，又作迪甫。道光元年举人。咸丰初迁御史。著有《躬耻集》《四书体味录》。

译文：

（黄河河面宽窄不等）从西边渡河远，东边渡河近。（水流很窄的地方）乘一根芦苇就能渡过，河道宽窄没有统一标准。

注释：

新店：地名。

一苇：出自《诗经·河广》有“谁谓河广，一苇杭之”句，意即黄河水流很窄，乘一根芦苇就能渡过。

杭：通“航”。

河渡：渡口、河道，这里指河道。

龙门

清　魏源

不放黄河走，层层锁龙门。
驾空腾细浪，夺隘战乾坤。
南北中条划，地天人力尊。
如何开辟久，元气尚浑浑。

作者：

魏源（1794年—1857年），名远达，字默深、墨生、汉士，号良图，汉族，湖南省邵阳市隆回县司门前（原邵阳县金潭）人。清代启蒙思想家、政治家、文学家。近代中国"睁眼看世界"的首批知识分子的代表。魏源提出了"师夷长技以制夷"的主张，开启了解世界、向西方学习的新潮流，这是中国思想从传统转向近代的重要标志。著有《海国图志》等。

译文：

山峦纵横、怪石林立的石门层层盘叠，如同枷锁，挡住千里流淌至此的黄河水，大有不放黄河南走之势。黄河水在深山峡谷中驾空而行，翻腾起无数雪白的浪花；浪花像冲锋陷阵的勇士，斩关夺隘，奋战乾坤，充分显示它的气魄。坚固无比的龙门山，经大禹轻轻地一"划"，便有豁然中开之势，人力终究还是比天地为高。

为什么龙门开辟了这么久了，黄河水还是这样气吞山河，生机勃勃呢？

注释：

隘：关隘，险要之处，这里指龙门。

夺隘：争夺险要之处，这里形容水势的浩大急剧。

乾坤：《周易》的两个卦名，这里指天地。

中条：中条山，在山西省西南部。划：划分。中条山以北黄河为南北走向，以南为东西走向。

元气：天地未分之前的混一之气。

浑浑：混沌不清的样子。

潼关

清　谭嗣同

终古高云簇此城，秋风吹散马蹄声。
河流大野犹嫌束，山入潼关不解平。

作者：

谭嗣同（1865年—1898年），中国维新派政治家、思想家。字复生，号壮飞，湖南浏阳人。甲午战后，力倡改良，鼓吹变法图强。光绪二十三年（1897）在湖南创办“南学会”，办《湘报》，宣传维新。失败后，被捕入狱，与林旭等人一起遇害，世称“戊戌六君子”。他的诗，风格豪迈，气势雄浑，境界恢廓，充满着积极进取的爱国精神。今辑有《谭嗣同全集》。

译文：

久远的高云聚集在这座雄关之上，阵阵秋风吹散了马蹄奔走的声音。滔滔的黄河与辽阔的原野还嫌不够舒展，从华山进入潼关后更不知什么是平坦。

注释：

潼关：关名。故址在今陕西省潼关县北，为古代东西往来的要隘。

终古：自古以来。

簇（cù）：丛聚。

河流：指奔腾而过的黄河。

束：约束。

不解平：不知道什么是平坦。解，懂得。

后 记

黄河诗词如浩瀚星空，在收集、整理、核对大量古诗资料中，本人参考了以下名家作者著作，在此致谢。

1.《近代黄河诗词选》，林从龙、侯孝琼、王元鹏，河南人民出版社1985年版

2.《黄河古诗选》，侯全亮、孟宪明、朱叔君，中州古籍出版社1989年版

3.《黄河古诗词》，降大任，希望出版社1989年版

4.《黄河古诗词赏析》，王晓梅、王渭泾，黄河水利出版社2017年版